개원의를 위한
법/률/컨/설/팅

어머니와 사랑하는 가족들에게
이 책을 바칩니다.

개원의를 위한 법/률/컨/설/팅

초판 1쇄 인쇄 2014년 04월 08일
초판 1쇄 발행 2014년 04월 15일

지은이	이 동 찬
펴낸이	손 형 국
펴낸곳	(주)북랩
출판등록	2004. 12. 1(제2012-000051호)
주소	서울시 금천구 가산디지털 1로 168, 우림라이온스밸리 B동 B113, 114호
홈페이지	www.book.co.kr
전화번호	(02)2026-5777
팩스	(02)2026-5747
ISBN	979-11-5585-192-0 13360종이책)
	979-11-5585-193-7 15360(전자책)

이 책의 판권은 지은이와 (주)북랩에 있습니다.
내용의 일부와 전부를 무단 전재하거나 복제를 금합니다.

이 도서의 국립중앙도서관 출판시도서목록(CIP)은 서지정보유통지원시스템 홈페이지(http://seoji.nl.go.kr)와
국가자료공동목록시스템(http://www.nl.go.kr/kolisnet)에서 이용하실 수 있습니다.
(CIP제어번호 : 2014011727)

개원의를 위한 50가지 '법률지식' 예방주사!

개원의를 위한 법률 컨설팅

변호사 **이동찬** 지음

book Lab

책머리에

상선약수 上善若水
가장 좋은 삶은 물과 같은 삶이다

이 길 끝에 무엇이 있을지 알지 못하지만 삶의 갈림길에서 최선이라 생각하는 길을 따라 걷다보니 공학도에서 교육학자의 길을 거쳐 어느덧 지금은 의료인들을 위한 변호사의 길을 걷고 있습니다. 의료인들이 겪는 의료분쟁과 진료실에서 벌어지는 다양한 법률문제에 대해서 하나씩 도움을 드릴 때마다 탑을 쌓아가듯 저에게 귀한 경험이 쌓이게 되었고, 그렇게 물길 따라 배를 젓듯 저에게 주어진 사건들을 하나하나 정성껏 처리하다 보니 어느덧 그 경험을 한 권의 책으로 묶게 되었습니다.

"의료인과 법률." 이 말만 놓고 본다면 누구나 '의료과실', '의료분쟁'이라는 단어를 제일 먼저 떠올릴 것입니다. 그러나 실무에서 제가 경험한 바로는 의료분쟁뿐 아니라, 의료기관을 개업하는 과정에서 겪는 복잡한 행정절차, 동업을 하면서 계약서 하나를 잘못 이해하여 큰 손해를 보는 경우, 좋은 의도로 남을 도왔으나 그런 선행이 의료법 위반이 되어 행정처분을 받게 된 경우, 의료광고와 상표등록으로 어려움을 겪은 사연 등 참으로 다양한 부분에서 의료인들이 법률적 어려움을 겪고 있었습니다. 그리고 그런 어려움은 사전에 조금의 법률지식만 더해졌더라면 미리 예방할 수 있는 문제도 많았고, 조금 일찍 변호사의 조언을 구했다면 큰 손해를 예방할 수 있는 경우도 많아 참으로 안타까웠습니다. 이런 마음이 이 책을 쓰기로 결심한 가장 큰 이유입니다. 질병은 치료보다 예방이 중요하듯이 법률문제도 사전에 미리 알고 예방하는 것이 사후에 대처하는 것보다 몇 배는 더 중요하기에, 변호사로서 의료인들에게 꼭 필요한 예방적 법률지식을 전달하고자 하는 마음으로 제 경험과 지식을 이 책에 정리했습니다.

이 책은 총 다섯 개의 장으로 구성되어 있습니다.

첫째 장은 병/의원의 개업에서 폐업에 이르기까지 필요한 각종 행정절차에 대한 내용과 임대차계약과 리스계약 등 각종 계약서를 작성할 때 반드시 확인해야 할 내용을 담고 있습니다.

둘째 장은 병/의원의 상표등록과 의료광고, 그리고 요즘 점점 그 의미가 중요해 지고 있는 저작권과 관련한 내용을 담고 있습니다.

셋째 장은 병/의원의 동업과 관련하여, 각종 동업의 구조(MSO, 네트워크병원, 메디컬빌딩 등)에 대한 설명과 장단점 그리고 각종 동업계약 체결 시 꼭 점검해야 할 사항을 중심으로 정리했습니다.

넷째 장은 의료법과 의료분쟁에 관한 내용을 담고 있습니다. 의료법 위반 시 의료인에게 부과되는 행정처분에 대한 대응, 의료분쟁조정중재원, 의료과오 발생 시 대처법, 의료분쟁과 그에 대한 민형사상 책임에 대하여 설명했습니다.

마지막 장은 병/의원을 운영하는 의료인들이 반드시 알아야 할 법률지식을 모아서 정리했습니다. 직원의 고용문제, 업무방해행위에 대한 대처법, 알아두면 도움이 되는 민사소송절차, 그리고 주의해야 할 기타 몇 가지에 대한 내용을 담고 있습니다.

이 책 한 권으로 의료인들이 겪는 다양한 법률문제에 모두 대처할 수는 없을 것입니다. 그러나 적어도 병/의원을 운영하는 개원의 분들께, 집집마다 하나씩 있는 구급상자의 역할은 충분히 할 수 있도록 정성껏 내용을 정리했습니다.

이 책은 제 이름으로 나오는 첫 번째 책입니다. 그만큼 서툴고 투박한 부분이 많을 것이란 염려가 있습니다. 지금의 이 생각은 항상 마음 한곳에 간직하고 지내겠습니다. 그리고 의료인들에게 더 나은 조언을 드릴 수 있는 바른 법조인이 되기 위해 더 한층 노력하겠다는 약속의 마음을 행간에 담아 이 책을 읽으시는 분들께 전하고 싶습니다. 더불어 이 책만으로 부족한 법률적 어려움이 있으시면 저의 홈페이지(www.lawmedi.kr)에 방문하셔서 질문을 남겨주십시오. 성의껏 최선을 다해 답변을 드리도록 하겠습니다.

　오늘도 아들을 위해 새벽기도를 나가시는 어머니, 아들의 건강을 언제나 염려하시는 아버지, 그리고 항상 저를 믿고 지원해주는 네 명의 누이가 없었다면 지금의 저도 없었을 것입니다. 이 모든 가족들에게 사랑한다는 말을 전하고 싶습니다. 훌륭한 학자의 길을 걸으시며 지금의 저를 이끌어 주신 서울대학교 교육학과 진동섭 교수님, 제주대학교 법학전문대학원 송석원, 김창군 두 분 원장님, 박규용 교수님, 삶의 모델이 되어주신 서울대학교 법학전문대학원 호문혁 명예교수님께 지면을 빌려 감사의 인사를 드리고 싶습니다.
　끝으로 오늘도 진료실에서 환자들을 돌보며 보이지 않는 곳에서 인술(仁術)을 펼치시는 모든 의료인들께 존경의 뜻을 담아 이 책을 바칩니다.

2014년 4월 서초동 사무실에서
이 동 찬

차례

책머리에 — 004

Ⅰ. 개원과 폐·휴업 — 009

Ⅱ. 상표 그리고 의료광고 — 053

Ⅲ. 동업, 네트워크 그리고 MSO — 083

Ⅳ. 의료법과 의료분쟁 — 123

Ⅴ. 반드시 알고 있어야 할 법률지식 — 169

개원과 폐·휴업

I장에서는 병/의원을 개원하거나 폐·휴업할 때 고려해야 할 점들을 정리했습니다. 개원/폐·휴업/의원양도의 주요 절차 및 개원 시 아주 중요한 **임대차계약, 리스제도 활용법, 인테리어 설비 시 유의점** 등에 대한 내용을 담고 있습니다.

개원의들을 위한

법/률/컨/설/팅

Q1 의료기관개설 신고 절차

> 서울 서초구 서초동에서 피부과의원을 개원하려고 합니다. 의원개업은 처음인데 피부과를 개원하기 위해서는 어떤 절차를 거쳐야 하나요?

A1 병/의원 개설은 병/의원의 등급, 전문과목 지정유무, 설치될 의료기기 등에 따라 조금씩 달라집니다. 서울에서 의원급 의료기관을 설립하는 기본 절차는 다음과 같습니다.

의료기관개설 신고 → 사업자등록 신청 → 요양기관개설 신고 → 카드 단말기 신청 등

첫째, 의료기관개설 신고(담당 기관: 관할 보건소)

1. 의원을 설립하고자 하는 해당 지역 관할 보건소의 홈페이지에서 '의료기관개설 신고서' 양식을 다운받아 작성합니다. 신고서 양식

은 '의료기관개설 신고서'와 함께 '진료과목 및 시설정원 등 개요설명서', '의료보수표[1]' 등이 함께 묶음으로 제공됩니다. 묶음으로 제공되는 '진료과목 및 시설정원 등 개요설명서'와 의료보수표에도 그 내용을 적어 의료기관개설 신고서와 함께 제출해야 합니다.

2. '의사 면허증', '전문의 자격증', '의료인 면허증' 각 사본을 함께 제출해야 합니다. 의원을 개설하고자 하는 원장님의 의사 면허증을 기본으로 제출해야 하며, 만일 의료기관 명칭표기에 전문 과목을 기재하고자 할 경우에는 전문의 자격증 사본도 함께 제출해야 합니다. 그리고 의원에 근무할 간호사, 간호조무사, 치위생사, 방사선사 등 관련 종사자들의 의료인 면허증 사본도 함께 제출하시면 됩니다.

3. '건물평면도 및 구조설명서'를 함께 제출해야 합니다. 건물평면도 및 구조설명서는 특별한 양식이 있지는 않으며, 실제 의원이 어떤 구조로 되어 있는지 간단히 보여줄 수 있는 수준이면 됩니다. 보통 건물 주인이나 의원내부 인테리어업자에게 건물평면도를 받아 제출하시면 됩니다. 단, 건물평면도 상에서 의원 내부 공간의 용도 및 면적은 반드시 표시되어 있어야 합니다.

4. 만일 '진단용 방사선 발생장치(X-ray, CT, 골밀도측정기 등)'가 있는 경우 해당 의료기기의 설치 및 사용에 대하여 추가적으로 신청서를 작

---

[1] 비급여 진료가 있을 경우 그 수가를 신고하기 위한 것.

성하여 제출하여야 합니다. 이때 필요한 서류는 '진단용 방사선 발생장치 신고서', '진단용 방사선 발생장치 및 방어시설 검사성적서', '방사선 관련 종사자 신고서', '의료장비 제조(수입)허가증', '진단용 방사선 발생장치 양도신고필증 원본' 등이 있습니다. 이 중 진단용 방사선 발생장치 신고서는 각 보건소에 비치되어 있는 것을 작성하시면 되고, 진단용 방사선 발생장치 및 방어시설 검사성적서와 의료장비 제조(수입)허가증은 방사선 발생장치를 판매한 의료기기업자에게 문의하시면 필요한 검사와 서류를 준비해 줍니다. 방사선 관련 종사자 신고서는 방사선 발생장치의 안전책임자를 정하는 것인데, 안전책임자는 일정기간 방사선발생장치에 대한 안전교육을 받아야 합니다. 따라서 방사선기사님을 안전책임자로 신고할 경우, 방사선기사가 바뀔 때마다 새로이 변경신고와 안전교육을 받아야 하는 번거로움이 있을 수 있기 때문에, 원장님 이름으로 신고하실 것을 권해드립니다. 진단용 방사선 발생장치 양도신고필증 원본은 방사선 발생장치를 양도받아 사용하는 경우에 양도-양수를 증명할 수 있는 서류를 보건소에 제출한 후 신고필증을 받으셔서 제출하시면 됩니다.

둘째, 사업자등록 신청(담당기관: 관할 세무서)

1. 의료기관개설 신고를 마친 후 '사업자등록'을 신청하셔야 합니다. 사업자등록 신청 시에는 '사업자등록 신청서', '임대차계약서 사

본', '의료기관개설 신고필증 사본', '의사 면허증 사본', '개설의 신분증 사본'을 준비하셔서 해당 지역의 관할 세무서에 신청하시면 됩니다. 대리인이 신청할 경우 대리인임을 증명할 수 있는 대리인 신분증을 지참하시고, '대리인 위임장'과 '대리인 신분증 사본'을 추가적으로 준비하셔서 신청하시면 됩니다.

2. 원칙적으로 사업자등록 신청은 의료기관개설 신고 이후에 할 수 있습니다. 그러나 은행대출이나 의료기기 리스계약 등의 문제로 사업자등록을 먼저 해야 하는 경우가 종종 생길 수 있습니다. 이 경우에는 우선 '사업계획서'를 작성하셔서, 위의 준비서류 중 의료기관개설 신고필증 대신 사업계획서를 제출하시고, 추후에 다시 의료기관개설 신고 절차를 마친 후에 의료기관개설 신고필증을 제출하여 보완하실 수 있습니다.

셋째, 요양기관개설 신고(담당기관: 건강보험심사평가원)

1. '요양기관개설 신고'는 '건강보험심사평가원(보통 심평원이라고 줄여서 말하기도 합니다)'의 인터넷 홈페이지(http://www.hira.or.kr)에 접속한 후, 인터넷을 통해 신고하시면 됩니다.

2. 주의할 점은 처음에 심평원 인터넷 홈페이지에 접속하실 때는 '국민회원'으로 가입하셔서 로그인 후 개설신청 절차를 진행하고 관

런 서류를 제출하셔야 합니다. 그리고 이때 '요양기관번호 부여' 신청을 함께 하신 후 다시 '요양기관회원'으로 재가입하는 추가 절차를 거쳐야 합니다.

3. 요양기관개설 신고는 다른 신고나 신청에 비해서 조금 복잡한 절차를 거쳐야 합니다. 건강보험공단의 안내전화(국번 없이 1644-2000)나 홈페이지(http://www.hira.or.kr)를 방문하시면 신고 절차에 대한 자세한 안내를 받으실 수 있습니다.

넷째, 카드 단말기 신청 및 기타

1. 신용카드 결제를 위한 카드 단말기 신청을 하셔야 합니다. 카드 단말기 신청은 의료기관개설 신고필증과 사업자등록증이 있어야 가능하며 각 카드사로부터 신청 후 2~5일 정도 지나면 사용승인을 받을 수 있습니다.

2. 의원에서 주로 사용할 은행계좌(사업용 계좌)를 신고하셔야 합니다. '사업용 계좌 개설신고'는 주거래 은행을 선택하여 사업용 계좌를 개설한 후, 이를 관할 세무서에 신고하시면 됩니다.

주의
설명의 편의를 위해 사업용 계좌 개설신고를 마지막에 설명했지만, 요양기관개설신고를 하기 위해서는 사업용 계좌 사본이 필요합니다. 따라서 사업용 계좌 신고는 천천히 하시더라도 은행에서 사업용 계좌를 만드는 것은 미리 해 두실 것을 권합니다.

3. '산재보험 의료기관' 신청을 원하실 경우, 고용노동부 산재보상정책과에 신청하시면 의원개원을 위한 모든 절차가 마무리됩니다(보통, 의원급 의료기관에서는 산재보험 의료기관신청을 잘 하지 않으므로 이 과정은 필요한 경우에만 진행하시면 됩니다).

〈표〉 병의원 개원 시 신고/신청 절차

No	구분	필요 서류
1	의료기관개설 신고 (관할 보건소)	-의료기관개설 신고서 -진료과목 및 시설 등 개요설명서 -의료보수표 -의사 면허증, 전문의 자격증, 의료인 면허증 사본 -건물평면도 및 구조설명서 -진단용 방사선 발생장치 관련 서류
2	사업자등록 신청 (관할 세무서)	-사업자등록 신청서 -임대차계약서 사본 -의료기관개설 신고필증 사본 -의사면허증 사본 -개설의 신분증 사본 -대리인 신청 시 대리인 신분증 사본과 위임장
3	요양기관개설 신고 (건강보험심사평가원)	-사업자등록증 사본 -사업용 계좌 사본 -의료기관개설 신고필증 사본 -요양기관 현황통보서 -장비구입 세금계산서 및 계약서 -의료장비 세부내역표
4	카드단말기 신청 (단말기 회사)	-사업자등록증 사본 -의료기관개설 신고필증 사본 -의사면허증 사본 -개설의 신분증 사본 -통장사본
5	사업용 계좌 개설신고 (주거래 은행, 관할 세무서)	

주의

1. 한의원 개원 신고 시 유의점
한의원의 경우 탕전실 설치와 관련하여 별도의 신고가 필요한 경우가 있습니다.

① 탕전실이 한의원 내에 있는 경우는 한의원 건물평면도 및 구조설명서를 제출하실 때 탕전실을 표시만 해 두시면 됩니다.
② 최근 한약재의 공동관리와 비용절감을 위해 여러 곳의 한의원이 공동으로 한의원 외부에 별도의 탕전실을 운영하는 경우가 있습니다. 이 경우 '원외 탕전실 설치신고'를 하셔야 합니다.

신고 시 '의료기관개설 신고필증 원본', '탕전실 공동이용 내역서', '원외 탕전실 건물평면도 및 구조설명서' 1부, '공동이용 하는 의료시설과의 계약서' 1부, '공동이용하는 의료시설의 개설 신고필증' 사본, '원외 탕전실 설치내역 확인서' 사본, '한의사 면허증' 사본 등을 가지고 관할 보건소에 신고하시면 됩니다. 한의원 외부에 탕전실을 설치할 경우, 한의사 또는 한약사 등이 1인 이상 반드시 상주하셔야 합니다.

2. 치과의원 개원 신고 시 유의점
치과의원의 경우, 의원 개원 신고절차와 동일합니다. 단지, 치과의원의 경우 '진단용 방사선 발생장치'를 필수적으로 구비하여야 하므로, 이에 대한 신고절차를 반드시 함께 하셔야 합니다.

Q2 의료기관 폐업·휴업 신고 절차

> 내과를 운영 중인 내과전문의입니다. 제가 다음 달 출산이 예정되어 있어 3개월가량 의원을 운영할 수 없게 되었습니다. 잠시 휴업을 생각 중인데 어떤 절차를 거쳐야 하나요?

A2 원장님들이 개설한 의료기관을 폐업하거나 한 달 이상 휴업을 하게 될 경우에는 반드시 폐업 또는 휴업신고를 하여야 합니다(의료법 제40조 제1항).

다만, 의료법 시행규칙 제30조 제3항의 해석상, 부득이한 사정이 있을 경우 개설의는 3개월 이내에 한해 대진의를 통해 의원을 관리할 수 있습니다. 따라서 대진의를 통해 의원을 관리한다 하더라도 그 기간이 3개월을 초과하게 될 경우에는 반드시 의료기관 폐업 또는 휴업 신고를 하여야 합니다.

의료기관 폐업과 휴업 신고는 원칙적으로 해당 의료기관이 있는 지역의 구청장(또는 시장이나 군수)에게 해야 하지만, 통상적으로 '의료기관개설신고'를 했던 관할 보건소에서 업무를 처리하고 있습니다. 또한 최근에는 정부 민원 포털 홈페이지인 '민원 24(http://www.minwon.go.kr)'에 접속하여 인터넷상으로 신고할 수도 있습니다.

의료기관을 폐업·휴업 신고 시 필요한 서류는 다음과 같습니다.

① 의료기관 폐업·휴업 신고서
② 진료기록 보관계획서(원칙적으로 폐업·휴업시 진료기록은 관할 보건소 에 제출하도록 되어있으나, 진료기록 보관계획서를 제출하여 진료기록 을 개설의의 책임하에 다른 장소에 보관할 수 있도록 하고 있습니다)
③ 진료기록부 등의 종류별 수량 및 목록, 보관계획에 관한 서류
④ 의료기관개설 신고필증 원본

위의 자료들을 모두 갖춘 후 신고를 마치면, 보건소로부터 '의료기관 폐업(휴업) 신고 처리통보'라는 서류를 받게됩니다. 이 서류와 함께 '요양기관 현황 변경 신고서'를 작성하여 '건강보험심사평가원'에 제출하시면 의원의 폐업·휴업 신고 절차가 마무리 됩니다.

문의하신 원장님의 경우는 출산으로 인하여 3개월가량 의원 운영이 어려운 상황입니다. 따라서 의료기관 휴업신고를 하시거나, 혹은 보건소에 대

진의 신고를 하시고 3개월 이내의 범위에서 대진의를 통해 의원을 관리하실 수 있습니다.

주의

1. 마약류를 관리하는 의료기관이 폐업할 경우에는, 반드시 해당 마약류를 폐기(또는 양도) 신청하여야 합니다. 이때 남은 마약류는 관할 보건소에 가져가시면 보건소에서 폐기절차를 진행해 드립니다.

2. 진단용 방사선 발생장치를 운영하는 의료기관이 폐업할 경우에도, 반드시 진단용 방사선 발생장치를 폐기(또는 양도, 이전) 신고하여야 합니다. 이 역시도 관할 보건소에 문의하시면 그 진행절차에 대하여 안내받으실 수 있습니다.

3. 의료기관 폐업·휴업 사유가 있음에도 폐업신고나 휴업신고를 하지 않거나, 진료기록부 이관 등 관련 절차를 지키지 않았을 경우에는, 1년 이내의 영업정지(의료법 제64조 제1항)와 100만 원 이하의 과태료(의료법 제92조 제3항)가 부과되오니 유의하시기 바랍니다.

4. 개원과 달리 폐업·휴업의 경우에는 한의원과 치과의원도 의원과 동일한 절차로 진행하시면 됩니다.

Q3 의료기관 양도/양수 절차

> 친구가 운영하던 안과를 인수하여 운영하려고 합니다. 단순히 명의만 바뀔 뿐 의원 시설이나 카드 결제 시스템 등은 그대로 사용하려 합니다. 의원 개설의의 명의만 바꾸면 될 것 같은데 절차를 좀 알려주시기 바랍니다.

A3 병/의원 개원을 생각하시는 원장님들께서는 초기 투자금에 대한 부담, 까다로운 행정절차, 의료상권에 대한 불확실 등 여러 이유로, 새로운 의원을 개원하는 것 못지않게 기존의 의원을 인수하는 것에도 많은 관심을 가지고 있는 것 같습니다.

의원의 주인(개설의)이 바뀌는 것은 명의변경, 병원인수, 사업자 변경 등 여러 이름이 혼용되어 쓰이고 있지만, 법률적으로 더 정확한 표현은 '의료기관의 양도/양수'입니다.

'의료기관의 양도/양수'를 위한 행정절차는 그리 복잡하지 않습니다.

① 양도인의 '기존 의료기관개설 신고필증 원본'
② 양수인의 '의사면허증, 전문의자격증
③ 양도/양수 계약서 [2]
④ 양도인과 양수인이 신분증

위 네 가지 서류를 지참하시고 양도인과 양수인이 함께 관할 보건소에 가서 '양도/양수 신고'만 하시면 됩니다.

'의료기관 양도/양수'에는 위의 행정절차보다 중요한 몇 가지 문제점이 있습니다.

첫째, 고용승계와 기존채무 및 행정처분승계 등 법률적인 문제

1. 양수인이 양도인의 상호와 거래처, 인적/물적 자산 등을 포괄적으로 양수할 경우 상법상 영업양도(상법 제42조)에 해당합니다. 이 경우에는 양도인이 고용하고 있던 직원들에 대한 고용도 원칙적으로 승계가 됩니다. 「근로자퇴직급여보장법」 제8조에 따라 1년 이상 근무한 직원에게는 고용주인 원장님들이 법이 정한 퇴직금을 지급

---

[2] 주의: '양도/양수 계약서'에는 반드시 양도인의 진료기록부를 안전하게 이관할 계획이 기재되어 있어야 합니다.

하여야 합니다. 따라서 의원 양수 후 1년이 경과하지 않았다고 하더라도 전 원장님(양도인)이 직원을 고용한 시점부터 1년이 경과하였다면 해당 직원이 퇴직할 때 퇴직금을 지급해 주어야 합니다.

　반대로 기존 의원의 시설만을 양도/양수하고, 상호를 바꾸고, 거래처와 채권채무관계를 승계하지 않았다면, 이는 '상법상 영업양도'에 해당하지는 않게 되며, 이 경우 직원들은 기존의 의원에서 퇴사하고 새로운 의원으로 재입사하는 형식이 되어 퇴직금 산정 기준 시점이 새로운 의원의 개원 시점이 됩니다.

　2. 기존 의원이 가지고 있던 채무의 경우 상호를 그대로 사용하면서 의원 영업을 양수하게 되면 의원 경영과 관련된 양도인의 채무에 대하여 원칙적으로 양수인도 그 지급의무를 함께 부담하게 됩니다. 반대로 상호를 그대로 사용하지 않는 경우에는 원칙적으로 양수인은 그 채무에 대한 지급의무를 부담하지 않습니다.

　3. 또한, 의료기관의 양도/양수가 영업양도에 해당할 경우 과거 양도인에게 부과되었던 행정처분이 양수인에게 승계가 되는 경우도 있고, 경우에 따라 아예 양도/양수가 금지되는 경우도 있습니다.

　4. 이처럼 '의료기관의 양도/양수'에는 원장님들이 미처 예상하지 못하는 여러 법률적인 문제가 있을 수 있습니다. 위의 1~3은 법조문을 바탕으로 가장 기본적인 내용만 설명한 것이며 '양도/양수 계

약서'와 '직원들과의 협약서'의 내용에 따라 그 내용은 얼마든지 달라질 수 있습니다.

의료기관의 양도/양수에 관한 법률적인 문제는 실제 양도/양수하려는 의원의 구체적인 사정과 규모, 양도/양수하려는 범위, 각종 계약서의 내용에 따라 그 결과가 크게 달라질 수 있으므로 반드시 사전에 변호사의 도움을 받아 예상되는 문제점에 대하여 미리 예방하실 것을 권해 드립니다.

둘째, 세금 중복부과 등의 문제

의료기관 양도/양수 시 ① 양수 날짜를 계약서에 분명히 확인해 두시고, ② 실제 양수 날짜 보다 1~2주일 정도 이전에 양수인께서 미리 사업자등록을 해 두시는 것이 좋습니다.

양도/양수 시 카드 단말기 회사들에 대하여 새로운 양수인으로 그 등록을 변경하여야 하는데, 그 절차는 보통 1주일 정도의 시간이 소요됩니다. 따라서 미리 양수인이 사업자등록을 하고 이를 카드 단말기 회사들에 대하여 등록 변경절차를 거치지 않으면, 양수 후 1~2주일 정도의 매출에 대하여는 그 결제 금액이 양도인(전 원장님)의 통장으로 입금되어 버릴 수 있습니다. 그러므로 양수 날짜를 명확히 계약서에 명시해 두시고 양수 날짜에 앞서서 양수인이 사업자등록과 카드 단말기 회사들에 대하여 등록변경을 미리 요청해 두시는 것이 좋습니다. 단, 사업자등록이 중복됨(1~2주)으로 인하여 약간의 세무적인 문제가 발생할 수 있으므로, 양도/양수 계약 전에 관할 세무서에 문의하시거나 거래하시던 세무사와 의논하시어 사전에 문제가 발생하지 않도록 대비하시는 것이 바람직합니다.

주의

'의료기관 양도/양수'는 행정절차보다는 법률적인 문제와 세무적인 문제가 훨씬 더 중요하며, 사전에 변호사와 세무사 등에게 조언을 구하여 절차를 진행하실 것을 권해드립니다.

Q4
임대차계약에 대하여

> 강서구에 있는 화곡B/D 3층에서 한의원을 개원하려고 3일 전 건물 주인과 가계약을 하였습니다. 그런데 오늘 건물 주인으로부터 '우리 아들의 사업상 필요로 인해 이 건물 3층 전체에 대하여 아들 이름으로 이미 임대차계약이 체결되어있다. 하지만 아들과 한 임대차계약은 형식적인 것에 불과하기 때문에 원장님께서는 걱정하지 마시고 입주하셔도 됩니다'라는 전화가 왔습니다. 뭐가 뭔가 잘 모르겠지만 조금 불안한데요. 어떻게 하면 되나요?

A4 처음 의원을 개설하는 데 가장 큰 목돈이 들어가는 곳은, 건물 임대보증금, 리스시설에 대한 리스보증금, 그리고 인테리어 비용입니다(이와 관련하여 임대차계약, 리스계약, 인테리어 설비 시 유의점에 대하여 차례로 알아보도록 하겠습니다).

우선 원장님들께서 의원을 개설하기로 결정하시고 나면, 장소를 물색하시고 임대차계약을 하시는데, 임대차계약은 대부분 '공인중개사'를 통해 이루어집니다. 이때 임차하시려는 건물의 등기부등본을 확인하고 선(先) 근저당권설정이나 기타 담보물권 설정 여부 등에 대하여 확인하실 수 있습니다. 이런 절차는 '공인중개사'의 기본업무니만큼 큰 어려움 없이 진행하실 수 있습니다.

여기서는 법률적으로 문제가 될 수 있는 부분 몇 가지만 설명하겠습니다.

① 의원 개원 시 사업자등록을 하실 때는 반드시 '임대차계약서'를 제출하셔야 합니다. 그런데 간혹 임대인의 요구 등으로 소위 '다운계약서'를 작성하시는 경우가 있습니다. 다운계약서를 작성할 경우, 향후 세무상의 불이익(예를 들어 월임차료에 대한 세금공제혜택이 줄어드는 것)이 있을 수도 있으며, 임대목적물이 경매로 넘어가거나 임대인이 바뀌었을 경우 임대보증금의 회수가 어려워지는 등의 문제가 발생할 수 있습니다. 따라서 가급적 '임대차계약서'는 실제 계약조건과 동일하게 작성하실 것을 권해드리며, 부득이하게 '다운계약서'등을 만들어야 하는 경우, 그 차액만큼 별도의 '차용증'을 만들어두시거나 실제 계약조건에 대한 별도의 합의서를 작성해 두시는 것이 좋습니다.

② 간혹, 임대인이 아닌 임차인과 계약을 하게 되는 경우가 있습니다. '임차인과 하는 재임대차계약'을 법적으로는 '전대차(轉貸

⁽借⁾ 계약'이라고 합니다. 사업자등록 시 '전대차계약서'를 '임대차계약서' 대신 제출하셔도 무방합니다. 단, 전대차계약은 반드시 임대인의 동의가 있어야 법적인 보호를 받을 수 있으며, 전대차계약 자체가 '임대인 → 임차인(전대인) → 전차인'과 같은 이중의 계약이니 만큼 이해당사자가 많아 향후 법적인 분쟁이 생길 경우 어려움이 있을 수 있습니다. 예를 들어, 전차인이 임차인에게 매월 전차료를 꼬박꼬박 지급하였다고 하더라도, 임차인이 임대인에게 임차료를 지급하지 않았을 경우 직접 임대인에게 임차료 지급의무를 부담하여야 하며, 임차인의 과실로 임대차계약이 해지되었을 경우 전차인이 해당 건물에서 퇴거당할 우려도 있습니다. 또한 임차인의 지급의무 위반으로 임대차계약이 해지되었을 경우, 그 책임소재를 두고 임차인과 전차인 사이에 분쟁이 발생할 우려도 있습니다. 그리고 임차인이 임대한 전체에 대하여 전대차계약을 체결하느냐 아니면 그 일부에 대하여 전대차계약을 체결하느냐에 따라 전차인의 법적권리와 의무가 크게 달라집니다.

문의하신 원장님께서는 가급적 '전대차계약'이 아닌 임대인과 직접 '임대차계약'을 작성하시는 것이 좋습니다. 그러나 부득이하게 전대차계약을 체결하게 되신다면 임대인의 동의여부, 임차인이 계약을 어겼을 경우 전차인의 지위보장 등에 대하여 임대인과 별도의 합의서를 작성하신 후 전대차계약을 체결하실 것을 권해드립니다.

Q5
형식적인 전대차계약서의 효력

피부과 의사인 A와 성형외과 의사인 B, 그리고 안과 의사인 C 등 세 명의 원장이 동업을 하려합니다. 동업자들은 각각 '알콩달콩 피부과', '알콩달콩 성형외과', '알콩달콩 안과'등 동일한 상호를 사용할 계획입니다. 그리고 각 의원에 필요한 간호사와 별도로 일반 행정직원은 공동으로 채용하여 경비 등을 공동으로 처리하려 합니다. 그런데, 이럴 경우 '형식적인 전대차계약서'를 작성하여야 한다고 하는데 무슨 이유인가요?

A5 동일한 상호를 사용한다고 하더라도 각 의원이 완전 별도로 운영된다면, 각 원장님 자신의 의원별로 별도 개원절차를 거치시면 됩니다. 이 경우에는 일반 개원절차와 큰 차이가 없습니다. 그러나 최근 같은 건물에서 같은 상호로 여러 개의 의원들이 독립적으로 운영하되, 임대보증금·의료설비의 리스·홍보마케팅·행정직원·경비지출 등은 공동으로 하는 형태의 의원들이 늘어나고 있

습니다. 이런 형태의 의원들은 보통 원장님들께서 동업형태로 하나의 회사(동업회사)를 만들어서 공동으로 임대보증금을 지출하고 홍보마케팅 등 공동비용을 갹출하여 운영하며, 개별 의원의 수입은 각 원장님의 소득으로 처리하여 비용절감과 홍보효과를 최대화하기 위한 것으로 보입니다.

이런 경우 임대차계약은 각 의원의 원장님들께서 임대인과 직접 체결하시고 나머지 홍보마케팅과 행정직원임금 등만 공동으로 부담하실 경우 법률적으로 큰 문제는 없을 것으로 판단됩니다.

그런데, 원장님들께서 임대보증금을 공동으로 지급하기위하여 별도의 회사(동업회사)를 설립하여 그 회사이름으로 임대계약을 하시는 경우 조금 복잡한 법률문제가 발생합니다. 위에서 설명했듯이 사업자등록 시에는 반드시 '임대차계약서' 또는 '전대차계약서'가 필요한데, 원장님들이 공동으로 설립한 동업회사는 '의료기관'이 아니므로 그 회사이름으로 작성하신 '임대차계약서'로는 '의료기관을 목적으로 하는 사업자등록'이 불가능합니다. 따라서 임차인(원장님들이 공동으로 설립한 동업회사)과 다시 각 원장님들이 별도의 '(형식적인)전대차계약서'를 작성하셔서 그 '전대차계약서'를 제출하셔야 사업자등록이 가능합니다.

그런데 이때 원장님들은 임차인인 회사의 주인이면서 동시에 전차인 신분에 놓이기 때문에, 이때의 (형식적인)전대차계약서에 따른 내용

과는 별도로 원장님들은 동업회사의 주인으로써 임대인에 대한 의무를 이행하여야만 합니다.[3]

그러나 비록 '형식적인 전대차계약서'라고 하더라도 이는 동업자들 사이의 문제일 뿐, 세무적인 부분은 이와 별도 문제입니다. 즉, 동업회사는 각 의원 원장님들께 매월 전대차계약에 따른 세금계산서를 발행해야 하며, 각 원장님들도 동업회사에 매월 전차료를 지급하시고, 이를 동업회사가 모아서 다시 임대인에게 매월 임차료를 지급하는 절차를 거치게 됩니다. 또한, 만일 동업해지 시 누군가 '전대차계약서'의 법률적 효력을 다투게 되면 법정에서 위 '전대차계약서'의 내용이 진실한 것이냐 아니면 형식적인 것이냐를 두고 치열한 공방이 벌어질 수 있습니다. 따라서 동업을 하시더라도, 임대차계약만큼은 각 의원원장님들 명의로 임대인과 각각 별도로 하시는 것이 가장 안전한 방법입니다.

문의하신 원장님들의 경우 각 원장님들께서 별도로 임대인과 임대차계약을 하시고, 필요경비만 공동으로 지출하실 것을 권유해드립니다. 그런데 문의하신 내용에 비추어보면, 별도의 동업회사를 만드신 후 동업회사의 이름으로 임대차계약을 하시고 이후 별도의 '전대차계약서'를 작성하시는 형태로

---

3   이때의 전대차계약서는 의료기관 사업자등록을 위한 '형식적인 전대차계약서'로 보입니다. 이 경우 반드시 동업자들 사이에 전대차계약서가 '형식적인 계약서'임을 증명하는 별도의 합의서를 작성해 두실 것을 권해드립니다.

보입니다. 바람직하지는 않지만 부득이하다면, 전대차계약서를 작성하신 후 동업회사가 운영될 때 동업회사와 각 의원들이 어떤 법률적 권리와 의무를 지니는지를 정확히 이해하시고, 위 전대차계약서의 작성과는 별도로 전대차계약서가 사업자등록을 위해 형식적으로 만든 것 이라는 점, 도중에 동업이 해지되거나 동업자가 바뀔 때 각 원장님들이 부담하게 되는 의무의 내용이 어떠한지 하는 점, 그리고 제3자와 위 전대차계약서에 대하여 양도 등 어떠한 법률행위도 하여서는 안된다는 점 등 중요한 사항에 대하여 동업자들 사이에 별도의 합의서를 작성해 두실 것을 강하게 권해드립니다.

주의

'형식적인 계약서'의 경우 별도의 합의서 등을 통해 그 계약서가 형식적으로 작성되었음을 입증할 경우, 계약의 당사자들 사이에서는 그 계약서의 내용을 부인하고 별도 합의서의 내용이 진실함을 주장할 수 있습니다. 그러나 형식적으로 작성된 사실을 모르는 제3자에게는 별도의 합의서가 있다고 하더라도 '형식적인 계약서'의 내용을 부인할 수 없으므로 주의를 요합니다.

Q6 리스계약의 기본적인 구조

> 개원을 준비 중인 의사입니다. 개원에 따른 비용이 너무 많아서 인테리어와 레이저를 비롯한 일부 의료기기를 '리스계약'을 통해 해결하려 합니다. '리스계약'에 대하여 알려주십시오.

A6 의료기관뿐 아니라 업종에 관계없이 오늘날 '리스계약'[4]은 폭넓게 체결되고 있습니다. 리스계약은 첫째, 초기 투자자금이 적게 들어가고, 둘째, 매월 지급하는 리스료를 경비처리하여 세금을 절약할 수 있으며, 셋째, 사업을 그만둘 경우 리스이전 등을 통해 청산비용을 절감할 수 있는 등 여러 장점이 있습니다.

---

[4] 리스이용계약은 크게 리스설비를 유지·보수에 중점을 둔 '메인티넌스 리스(maintenance lease)'와 리스설비의 구입자금조달에 중점을 둔 '파이낸스 리스(finance lease)'가 있습니다. 여기서는 원장님들이 의료장비 리스에 주로 이용하시는 '파이낸스 리스'를 중심으로 설명합니다.

이런 유용한 시스템인 '리스계약'에 대하여 알아보도록 하겠습니다.

〈표〉 리스계약의 구조

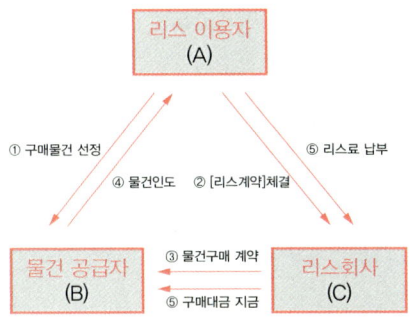

리스계약은 기본적으로 임대차계약입니다. 즉, 리스회사는 리스이용자가 원하는 물건을 대신 구매하고, 이를 다시 리스이용자에게 임대한 후, 정해진 기간까지 그 임대료(리스료)를 받고, 임대기간이 끝나면, 물건을 다시 리스회사가 회수하는 구조입니다. 리스계약의 구체적인 과정은 다음과 같습니다(위의 〈표〉 리스계약의 구조를 참조해 주세요).

① 리스이용자(A)가 사용을 원하는 물건(리스품목)을 선정하여 이를 물건공급자(B)에게 견적을 의뢰합니다. 물건공급자(B)는 해당 물건의 가격과 설치비 등 총 비용에 대하여 견적서를 리스이용자(A)에게 발행합니다.

② 리스이용자(A)는 견적서를 가지고 리스회사(C)와 '리스이용계약'을 체결합니다.
③ 리스회사(C)는 물건과 가격을 확인한 후, 물건공급자(B)와 구매계약을 체결합니다.
④ 물건공급자(B)는 리스이용자(A)에게 물건을 인도합니다.
⑤ 리스회사(C)는 물건공급자(B)에게 구매대금을 지급합니다.
⑥ 이후, 리스이용자(A)는 매월 리스료(사용료)를 리스회사(C)에 납부합니다.

기본구조와 더불어 리스료 산정방법에 대한 이해도 필요합니다. 리스료는 다음과 같은 네 가지 요소로 구성됩니다.

① 물건 구매가격
② 리스기간 동안의 금융이자
③ 리스회사의 적정 이윤(마진)
④ 리스계약 종료 후의 잔존가치

이 중에서 ④번을 제외한 ①, ②, ③번을 합한 금액을 리스기간 동안 나누어 지급하게 됩니다. 보통 리스계약 체결시 잔존가치(예상액)만큼 '리스보증금'을 리스이용자(A)가 리스회사(C)에 사전 납부하였다가 리스계약이 종료할 때, 리스 물건을 리스회사(C)에 돌려주고 리스보증금을 리스이용자(A)가 되돌려 받는 방식으로 되어있습니다.

리스계약은 매우 유용한 제도이며 의료기관의 개설에 빠질 수 없는 중요한 부분입니다. 그런데, 의료기관에서 의료기기 등을 리스하는 과정은 위의 일반적인 리스계약과는 조금 다른 점이 있습니다. 또한, 리스계약의 해지와 관련하여 원장님들이 반드시 숙지하고 있어야 중요한 부분이 있습니다. 이번 장은 이런 부분들을 설명하기 위하여 리스계약의 기본적인 구조에 대해 설명한 것이며, 다음 장에서 의료기기 리스와 관련한 중요한 점들을 살펴보도록 하겠습니다.

Q7 의료기기 리스계약의 특이점

> 피부과 개원을 준비 중에 있습니다. 내부 인테리어와 레이저 장비들을 리스를 통해 마련하려 합니다. 초기 보증금이 어느 정도 드나요? 그리고 리스기간이 끝나면 인테리어는 어떻게 처리하는지 궁금합니다.

A7 앞에서 리스계약의 기본적인 구조에 대하여 설명했습니다. 이때, 잔존가치와 리스보증금에 대하여 말씀드렸는데 이에 대하여 조금 더 설명하겠습니다. 리스계약은 기본적으로 임대차계약이므로, 계약기간이 끝나면 물건을 원소유자(리스회사)에 돌려주어야 합니다. 그런데 물건 사용 중 정상적인 감가상각이외에 사용 중 파손, 훼손, 멸실 등이 있으면 잔존가치가 그만큼 떨어지겠죠. 이때 보증금에서 그 떨어진 잔존가치만큼 공제하고 나머지 보증금을 리스이용자에게 지급하고 리스회사는 물건을 회수해 갑니다. 따라서 리스보증금은 잔존가치가 0원이 될 가능성에 대비한 리스회사의 안

전장치라고 이해하시면 됩니다.

    그런데 의원 개원 시에 잔존가치를 산정하기 곤란한 경우가 종종 발생합니다. 그 하나는 고가의 의료기기이며 두 번째는 인테리어부분입니다. 의료기기는 고가의 장비이며, 주로 병의원에서만 사용되고 리스기간이 끝나고 나면 리스회사에서 이를 회수하더라도 마땅히 처분할 방법이 없는 경우가 보통입니다(의료기기는 몇 년 지나고 나면 그 수요가 크게 떨어지기 때문입니다). 또한, 건물 내장형 에어컨과 같은 인테리어를 리스기간이 끝났다고 해서 이를 뜯어 회수하는 것도 리스회사 입장에서는 아무런 실익이 없습니다. 따라서 이런 경우는 애초에 잔존가치를 0원으로 정하고, 그만큼 매월 리스료를 인상하는 방법을 사용합니다. 이 경우 보통의 리스계약보다 리스료가 상승하지만, 리스계약이 끝나고 나면, 잔존가치가 0원이므로 리스계약 종료 후 리스물건들을 리스회사에 반환하지 않고 소유권을 무상으로 리스이용자가 넘겨받게 됩니다(이 부분이 보통의 리스계약과 다른 점입니다). 따라서 이론적으로 잔존가치가 0원이므로, 잔존가치 하락을 대비한 리스보증금 또한 필요가 없습니다. 그래서 의료기관의 리스계약에서는 잔존가치를 0원으로 하고, 리스보증금도 0원으로 하는 리스계약이 종종 체결되곤 합니다. 이 경우 원장님들이 의원을 개원하고자 할 때, 인테리어 비용과 각종 의료기기 등에 대하여 초기자금 전혀 없이도 개원할 수 있는 큰 장점이 있습니다. 반면 그 만큼 매월 지급하는 리스료가 상승하기 때문에 매월 적정한 매출이 발생하지 않을 경우

의원 경영에 어려움을 겪을 가능성이 높아지는 위험성도 있습니다.

경우에 따라서는 잔존가치가 0원임에도 리스보증금을 요구하는 경우도 있습니다. 이때 리스보증금은 잔존가치에 대한 담보가 아니라, 리스계약이 중도에 해지될 가능성이 있거나, 리스이용자와 보증인의 신용도가 리스회사가 예상한 것보다 낮을 때 이를 고려하여 리스회사에서 약간의 보증금을 요구하는 경우입니다(흔하지는 않으며, 보증금 액수도 잔존가치에 대한 담보의 경우보다 상대적으로 낮은 것이 일반적입니다).

한 가지 주의할 점은, 비록 잔존가치를 0원으로 설정하였다고 하더라도 리스계약이 종료하기 전까지는 리스물건들에 대한 소유권은 전적으로 리스회사에 있습니다. 따라서 리스물건들을 고의로 훼손하거나 리스회사의 동의 없이 이전·매각하는 경우에는 리스이용자인 원장님들이 민사상 손해배상과 더불어 형사상 책임을 질 수도 있습니다. 따라서 리스계약기간 동안 리스물건의 이용은 반드시 리스계약 체결 당시의 내용대로 이용하여야 하며, 만일 변동 사항이 생길 경우에는 사전에 리스회사와 상의하여 '리스변경계약'을 새로이 체결하셔야 합니다.

Q8 리스(일부)이전과 리스일부매각(중도상환) 제도의 활용법

> 최근 운영하던 성형외과 의원을 정리하려 합니다. 2년 정도 의대 동기들과 함께 동업을 하다가 서로 의견이 맞지 않는 부분이 많고 경영난도 겹쳐서 결정하게 되었습니다. 초기 의원을 개원할 때 인테리어와 의료기기를 리스로 대체한 경우가 대부분인데 현재 3년 정도의 리스계약기간이 남아있습니다. 어떤 방식으로 처리해야 하는지요.

A8 리스계약은 장점이 많은 제도이지만, 이용에 유의해야 할 점도 있습니다. 그 중 가장 중요한 부분이 '리스계약 해지 과정'입니다.

리스계약을 해지하게 되면 남은기간의 해지위약금 등을 일시에 부담하여야 합니다. 이미 리스기간이 절반 정도 경과하였다고 하더라도 총 해지금액은 초기 물건 구매가격 못지않은 거금인 경우가 많습니다. 원장님들 입장에서는 이미 절반 가까이 리스료를 지급해왔는

데 다시 물건 구매가격 가까운 큰 해지비용을 지불하는 것이 매우 불합리하게 여겨질 수 있습니다.

그래서 리스를 더 이상 유지하지 못할 사정이 발생한 경우에는 리스계약을 해지하기 보다는 ① 리스(일부)이전, ② 리스일부매각(중도상환) 등의 방법으로 해결하면 비용을 크게 절감하실 수 있습니다.

① '리스(일부)이전'은 말 그대로 원장님께서 사용하시던 리스물건들을 다른 원장님의 명의로 바꾸고 남은 리스기간 동안 새 원장님께서 기존의 리스료를 부담하시는 '계약의 양도/양수'과정입니다. 리스회사와 합의만 된다면 리스 전체에 대하여 이전하는 것 뿐 아니라, 리스 일부에 대해서만 이전하는 것도 가능합니다. 레이저 장비 등 이동이 용이한 고가의 장비일 경우 이런 리스이전을 통해 매우 저렴한 수수료만으로 리스설비에 대한 처분이 가능합니다.

이와 같은 리스이전은 병/의원을 통째로 다른 원장님께 양도/양수 하실 때 반드시 함께 진행해야 하는 절차이기도 합니다.

② '리스일부매각(중도상환)'은 리스회사의 동의하에 리스용품 중 일부를 이용자가 구매 또는 매각하기로 하고 그 부분만큼 월 리스료에서 제외하는 방식입니다. 예를 들어 레이저 장비 두 개와 건물내장형 에어컨을 동시에 리스한 경우를 생각해 봅시다. 이때 의원을 폐업하고 에어컨 시설을 철거해야 하는데, 이를 다른 사람에게 이전

하는 것은 현실적으로 어렵습니다. 이 경우, 리스이용자가 리스회사로부터 에어컨 시설만 분리해서 그 부분만 제3자에게 매각(혹은 이용자가 직접 구매)하여 그 대금을 리스회사에 지급하고, 전체 리스료에서 에어컨 부분이 차지하는 부분을 공제하여 레이저 장비에 대하여만 향후 리스료를 지급하도록 하는 절차입니다.

리스를 중도에 해지하거나 변경할 때에는 이런 '리스(일부)이전', '리스일부매각(중도상환)'의 방법을 동시에 사용하면 편리하게 리스물건을 정리할 수 있습니다(예를 들어, 에어컨 시설은 이용자가 구매하고, 남은 리스는 제3자에게 이전하는 등).

Q9
연대보증인제도의 폐지와 매입약정서의 도입

> 앞에서 질문 드렸던 성형외과 전문의입니다. 변호사님 말씀대로 리스계약을 해지하지 않고 리스를 이전하려 합니다. 그런데 리스회사에서 리스이전을 하려면 연대보증인들의 동의가 있어야 한다고 하는군요. 연대보증인들은 지금 사이가 틀어진 옛 동업자들인데요, 이 친구들한테 다시 연락하는 것이 쉽지 않은 일인데 어찌해야 하나요?

A9 과거에는 (2013년 7월 이전), 동업자들끼리 함께 의료기관을 설립하는 경우 각종 리스시설에 대하여 한 명을 주이용자로 하고 나머지 동업자들을 연대보증인으로 하는 경우가 일반적이었습니다.[5] 연대보증인은 한 명 한 명이 전체 채무에 대하여 각자 전부 책

---

[5] 2013년 7월부터 제2금융권의 연대보증인제도가 폐지되었으므로, 새로 리스계약을 체결하는 경우에는 연대보증인을 요구하지 않습니다. 그러나 2013년 7월 이전의 리스계약에서 체결한 연대보증은 여전히 유효합니다.

임을 지게 되므로, 리스회사는 이런 연대보증인제도를 통해 리스계약해지에 대한 담보를 확보하곤 하였습니다.

그런데 리스이전, 리스일부매각 등의 제도를 이용하기 위해서는 반드시 연대보증인의 동의가 필요하였습니다. 왜냐하면 리스이전이나 리스일부매각 등은 리스시설'주요자산의 변동'에 해당하고, 민법상 물적담보 등 주요자산의 변동이 있을 때는 반드시 연대보증인의 동의가 있어야 채권자가 연대보증인에게 대항할 수 있기 때문입니다. 따라서 만일 연대보증인이 동의하지 않는다면, 리스회사와 리스이용자가 아무리 합의하더라도 리스이전과 같은 제도는 활용할 수 없고, 부득이하게 거액의 해지 비용을 부담하고 리스계약을 해지하는 수밖에 없습니다.

문제는 동업자들끼리 서로 다툼이 있어 서로 안 좋은 감정을 가지고 있다거나 서로 연락을 하지 않게 된 경우, 리스이용자로 등록한 원장님이 다른 동업자(연대보증인)에게 리스이전에 필요한 동의를 구하는 것이 현실적으로 어려운 경우가 많이 발생한다는 점입니다(동업 시 정말 주의해야 하는 부분입니다).

만일 애초에 동업을 시작할 때, 리스회사, 리스이용자, 연대보증인 등이 합의하에 〈다음〉과 같은 내용의 특약사항을 리스계약서에 추가하였다면 연대보증인의 동의 없이도 리스회사와 리스이용자의 합의만으로 리스이전이나 중도상환 등이 가능해 집니다. 그래서 리스계약 전에 리스계약서에 위와 같은 특약사항을 꼭 추가할 것을 권해드리곤 하였습니다.

> 〈다 음〉
> 리스시설에 대한 주요자산의 변동(이전이나 일부매각)이 필요하다고 인정되는 경우, 리스회사와 리스이용자 간의 합의만으로 이전 또는 매각이 가능하다. 연대보증인에게는 ○○일 이내에 이를 통보하는 것으로 동의에 갈음할 수 있다

현재는 제2금융권(리스회사 포함)의 연대보증인 제도가 전면적으로 폐지됨에 따라 위와 같은 문제가 발생할 소지는 크게 줄어들었습니다. 대신 연대보증인의 폐지로 인해 '매입약정서'[6]와 같은 제도가 도입되었습니다. 매입약정서란, 리스이용자가 리스료를 부담하지 못할 상황에 놓이게 되면, 남은 리스시설을 제3자가 전부 인수한다는 내용의 계약서입니다. 그런데 매입약정서가 연대보증인 제도에 비해서 어떤 장단점이 있는지 실무에서 아직 정확하게 검증되지 않았으며, 매입약정서 이외의 다른 담보제도가 시행될 가능성도 매우 높은 상황입니다.

다행히 리스이전이나, 리스일부매각 시에는 매입약정서 당사자의 동의는 필요 없는 것으로 판단됩니다. 그러나 매입약정서 제도는 시

---

[6] 리스이용자가 리스료를 지급하지 못하여 리스계약이 해지될 경우, 일반보증인이 그 해당 리스물건을 리스이용자 대신 매수한다는 조건의 계약으로써 연대보증인제도 폐지 후 리스회사에서 많이 사용하는 담보제도의 하나입니다.

행초기단계이고, 아직 리스이용자의 관점에서 그 법률적 효력의 장단점이 확실히 파악되지 않았으므로, 리스계약 시에는 반드시 '리스계약서'와 '매입약정서(혹은 기타 보증계약)'에 대하여 변호사에게 그 계약내용에 대한 검토를 부탁하신 후 계약을 체결하실 것을 권해드립니다.

아울러, 리스계약 시에는 "리스이전이나 리스일부매각 시 제3자의 동의가 필요 없다"라는 취지의 문구를 반드시 리스계약서에 포함시켜 그 내용을 리스회사로부터 확인받아 두실 것을 권해드립니다.

문의하신 원장님의 경우 2013년 7월 이전에 체결된 리스계약으로 보이므로, 연대보증인제도가 폐지되었더라도 그 이전에 체결한 연대보증인계약은 여전히 유효합니다. 따라서 별도의 특약사항이 없다면, 연대보증인의 동의 없이 리스를 이전하는 것은 어려울 것으로 판단됩니다.

주의

1. 2013년 7월부터 제2금융권(리스회사 포함)의 연대보증인 제도가 폐지되었습니다. 그러나 2013년 7월 이전에 맺은 리스계약의 연대보증은 여전히 유효하므로 주의를 요합니다. 또한, 연대보증인 제도가 폐지되었더라도 현행 법제하에서도 이와 유사한 형태의 담보제도가 새로 이용될 가능성은 얼마든지 있습니다. 새로운 내용의 담보제도가 정착되면 그 문제점과 대처방안에 대하여 추가로 설명할 것을 약속드립니다.

2. 연대보증인 제도의 폐지로 인하여 리스회사에서는 '매입약정서' 등을 통해 기존 연대보증인 제도를 대체하는 여러 가지 담보제도를 시행하고 있습니다. 아직 통일된 형태의 담보제도는 정착되지 않은 상태이고 리스회사마다 조금씩 다른 여러 가지 제도가 시행되고 있으니, 리스계약체결

전에 각 담보제도에 대한 내용에 대하여 충분한 설명을 들으실 것을 권해드립니다. 또한, 어떤 담보제도이든 위에서 설명한 것처럼 '리스 주요 자산의 변동'을 리스회사와 리스이용자 간의 합의만으로 가능하도록 하는 특약을 꼭 포함시키는 것이 중요합니다.

Q10
인테리어 공사 시 유의점

> 관악구 신림동에서 한의원을 개원하려고 준비 중입니다. 아버님께서 오랫동안 치과의원을 운영하던 자리를 물려받아 새로 인테리어를 해서 개원하려고 합니다. 인테리어 시 주의할 점은 없는지요?

A10 원장님들께서 의원을 개원하실 때 '인테리어'에 대하여 상담하실 때는 보통 내·외장 설비(인테리어+익스테리어) 전체를 의미하는 것 같습니다. 의료기관 설립 시 유의해야 할 마지막 단계로, 건물의 내·외장 설비 시 주의해야 할 점에 대하여 알아보겠습니다.

1. 건축물 용도변경

건축법상 상가건물의 용도는 크게 '제1종 근린생활시설'과 '제2종 근린생활시설'로 구분됩니다. '제1종 근린생활시설'은 슈퍼마켓, 목욕탕, 의원, 치과의원, 한의원 등 일상생활과 밀접한 관련 있는 시설들이 여기에 해당하며, 이보다 일생생활의 관련성이 떨어지는 일반음

식점, 체력단련장, 당구장, 노래연습장 등은 '제2종 근린생활시설'로 구분됩니다. (한 건물에 제1종 근린생활시설과 제2종 근린생활시설이 같이 있는 경우가 많습니다. 근린생활시설은 건물전체의 용도가 아니라, 실제 입점하는 개별 상인의 업종과 면적에 따라 결정됩니다.)

현재 의원, 치과의원, 한의원 등은 모두 제1종 근린생활시설로만 설립이 가능합니다. 그런데 과거에는 제2종 근린생활시설로 허가된 의원들이 많이 있었습니다. 따라서 오래된 건물(혹은 오랫동안 한 곳에서 운영되었던 의원)의 경우, 건축법상 제2종 근린생활시설인 경우가 있습니다. 이 경우 '건축물 용도변경' 절차를 밟아야 새로 의원개설이 가능합니다. '건축물 용도변경'은 건축사나 건축설계사 사무소를 통해 하게 되는데, 단순히 보건소에 신고만 함으로써 용도변경이 가능한 경우도 종종 있으므로, 우선 제2종 근린생활시설에서 개원을 하고자 할 경우, 해당 관할 보건소에 문의하신 후 '건축물 용도변경' 절차를 밟으실 것을 권해드립니다.

2. 간판

의원을 개원할 때 간판을 설치하는 것도 중요합니다. 간판은 아무렇게나 설치하는 것이 아니고, 반드시 간판의 시안을 가지고 해당 구청(담당부서: 도시환경과)에서 허가를 받아야 설치할 수 있습니다. 간판의 크기와 글자 크기 등은 해당 구청(또는 시청/군청)마다 정해진 규정을 가지고 있으므로 지역마다 조금씩 다를 수 있습니다. 간판에 관한 규정에 대하여 가장 잘 알고 있는 사람들은 바로 '간판업자'들입니다. 따라서 의원을 개원하실 때는, 해당 지역(구/시/군) 내에서 영업 중인 간판업자를 통해 일을 진행하시는 것이 좋습니다. 보통 간판설치와 관련된 행정업무 역시 그 지역 내의 간판업자들이 대행해주기 때문에 여러모로 편리합니다.

3. 인테리어 리스

인테리어 시설(특히 내장형 에어컨)을 리스를 통해 설치하는 경우도 있습니다. 리스를 통해 인테리어를 할 경우 경비를 절약할 수는 있으나, 매월 지급하는 리스료가 상승하고, 중도에 의원을 폐업하거나 이전할 때, 문제가 생길 소지가 있으므로 가급적 인테리어 시설에 대한 리스는 자제하는 것이 좋습니다.

4. 전력승압 등 인테리어 공사

의료기관은 다른 업종에 비해 전기가 많이 소모됩니다. 특히 수술 시 갑작스런 전력소비로 인하여 정전이 되면 큰 문제가 아닐 수 없습니다. 따라서 인테리어 시에 반드시 의원의 예상 전력소비량과 거기에 맞는 전력승압공사를 진행하셔야 합니다. 또한, 화재를 대비한 방화시설과 방염시설의 설치, 원활한 배수시설 등 의료기관의 특성에 맞는 인테리어 공사를 해야 하며, 이를 위해 의료기관 인테리어 공사 경험이 많은 업체를 통해 인테리어 공사를 진행하시는 것이 좋습니다.

5. 기타

인테리어 공사 계약 시, 사전 견적서에 공사내역과 공사비, 자재의 종류, 공사의 종류 등을 미리 확인하셔야 합니다. 처음 약속한 자재와 실제 공사 자제가 다르거나, 견적서에 포함되지 않은 추가 인건비 지급 등의 문제로 분쟁이 발생하는 경우가 매우 많습니다. 또한, 공사에 하자가 발생했을 때 손해배상을 어떻게 할 것인지를 사전에 계약서에 포함[7]시키면, 향후 문제가 발생하였을 때 소송에서 매우 유리해 지므로 반드시 '손해배상의 약정'도 인테리어 계약서에 포함시킬 것을 권해드립니다.(의료기관 개원 초기에 가장 빈번한 법률문제가 인테리어와 관련한 손해배상의 문제입니다).

---

[7] 이를 '손해배상의 약정'이라고 합니다.

상표 그리고 의료광고

II

II장에서는 의원의 상호/상표 등록에 관한 내용과 의료광고에 관한 내용을 정리했습니다. 특히 의료광고와 관련하여 최근 문제가 되고 있는 저작권에 관한 내용과 의료기술의 특허에 관한 내용도 함께 다루었습니다.

개원의들을 위한 **법/률/컨/설/팅**

Q11
'상호'와 '상표/서비스표'

> 서울 강남구에서 '강남피카소의원'이라는 상호로 피부과의원을 운영 중입니다. 저희 의원에서 사용 중인 상호를 상표등록을 해서 다른 사람들로부터 보호받고 싶습니다. 어떤 절차를 거쳐야 보호를 받을 수 있을까요?

A11 '상호'와 '상표/서비스표'는 법적으로 서로 다른 개념입니다. 그러나, 그 구별이 조금 모호해서 보통 혼용되어 사용되기도 합니다. 우선 상호와 상표/서비스표의 차이를 정확히 이해해 보도록 하겠습니다.

'상호'는 원장님들이 의료사업자등록을 하면서 사용하게 되는 '의료기관의 이름'입니다. 다시 말해, 사람들에게 이동찬, 김동철 하는 이름이 있듯이, 원장님들의 의원에도 이름이 있어야 사람들이 그 의원을 다른 병의원과 구별할 수 있겠죠? 이처럼 사업자등록을 하고 영업을 하는 병의원이 사용하는 그 고유의 이름을 '상호'라고 합니다. 상호는 상법의 보호를 받으며, 통상 문자로 이루어집니다(예를 들어서, '강남피카소의원' 이 상호 그 자체가 될 수 있습니다). 또한, 사람들 이름이 하나이듯 상호도 한 의원에 하나만 가능합니다.

'상표'란 상인이 만들어내는 상품을 다른 상품과 구별하기 위하여 부착하는 표장입니다. 즉, 어떤 회사에서 만들어내는 특정 상품을 지칭하는 것이 상표입니다. 상표는 당연히 한 회사에서 여러 가지 상품이 나올 수 있으므로 상품마다 서로 다른 상표가 붙을 수 있습니다. 상호와 달리 문자뿐 아니라, 도형, 로고 등을 사용할 수 있습니다(보통 의원에서 상품을 만들어 공급하지는 않으므로 의원급의 의료기관에서 상표를 사용하는 경우는 많지 않습니다. 그러나 만일 어떤 피부과가 고유의 화장품을 만들고 해당 화장품에 어떤 이름을 붙여 팔게 된다면 그 화장품에 붙는 이름이 상표가 됩니다. 당연히 화장품 이름에는 문자뿐 아니라 도형이나 로고도 들어갈 수 있는데 그 전체가 하나의 상표로 취급됩니다).

'서비스표'란 의료 서비스를 제공하는 의료기관이 타 의료기관의 서비스와 구별하기 위하여 사용하는 표장입니다. 쉽게 말해서 원장님들께서 의원을 운영하실 때 그 의원을 다른 병의원과 구별되도록 이름과 로고, 문양 등을 넣어서 간판을 만드시거나, 인터넷 홈페이지를 통해 홍보를 하실 수 있습니다. 이때, 다른 병의원들과 구별되는 원장님 의원 고유의 이름과 로고 등의 식별표지가 바로 '서비스표'가 되는 것입니다. 상표와 서비스표는 상법이 아니라 '상표법'의 적용을 받습니다. 상호가 의원당 하나만 있어야 하는데 반해, 상표와 서비스표는 여러 개라도 상관이 없습니다.

예를 들어 설명하겠습니다. 강남에 '강남피카소의원'이라는 피부과가 있습니다. 이때, '강남피카소의원'이라는 이름으로 사업자등록을 하고서, 간판과 의원에 사용하는 각종 서류들, 그리고 인터넷 홈페이지에 아래와 같이 빨간색 바탕에 여성의 옆모습을 형상화한 로고에 의원이름을 써서 강남피카소의원을 상징하는 표장을 만들어 사용한다고 해 봅시다.

이때, '강남피카소의원'이라는 문자 그 자체는 '상호'가 되고, 위의 '빨간색 바탕에 만들어진 도형과 글자의 조합'은 '서비스표'가 됩니다. 그리고 위 서비스표와 동일한 문양으로 화장품을 만들어서 판매하고 그 화장품에 위 문양을 넣으면 이것이 '상표'가 됩니다. 결국 상표와 서비스표의 차이는 어디에 사용되느냐(의원 자체를 표식하는가, 아니면 개별 상품을 표식하는가)의 차이만 있을 뿐, 규제법안과 구성방법에서는 차이가 없습니다. 그래서 상표와 서비스표를 구분하지 않고 그냥 상표라고 부르는 경우도 많이 있습니다.

    문의하신 원장님께서는 "상표등록을 하고 싶다"고 표현하셨지만 그 실제 의미는 '강남피카소의원'이라는 '상호'와 간판에 사용하시는 ' ![] '라는 "서비스표"를 통해 다른 병의원과 구별되는 원장님 의원의 정체성과 그에 대한 권리를 확보하시려는 것으로 보입니다.[8] 원장님이 사용하시는 '상호'는 상법에 따라 상업등기소에 등기하시고, '서비스표'는 상표법에 따라 특허청에 등록하시면 원장님의 권리를 보호받으실 수 있습니다. 상호등기와 상표등록 및 그 보호에 관한 자세한 사항은 다음 장에서 자세히 설명하겠습니다.

---

[8] 실제로 상표등록이라는 말이 "상호등기 및 서비스표 등록"이라는 의미로 사용되는 경우가 많이 있습니다.

Q12
상호와 서비스표의 차이점
-보호의 정도

> 상호와 서비스표가 다르다고 하셨는데요. 어떻게 다른가요? 자세한 설명 부탁드립니다.

A12 '상호'는 상법의 보호를 받습니다. 상호는 각 지자체 '상업등기소'에서 등기할 수 있는데, 상호를 등기하였는지 아닌지에 따라 그 보호에 약간의 차이가 있습니다. 상호는 등기소에 신청하면 당일 또는 그 다음날 등기여부가 결정됩니다.

1. 상호를 등기한 경우

① 먼저 상호를 등기한 경우, 다른 누구든지 동일한 지역(특별시, 광역시, 시, 군)에서 '동종영업'의 상호를 등기할 수 없습니다. 따라서 서울시에서 '의료업'으로 '강남피카소의원'이라는 상호를 등기 한 경우 다른 사람이 같은 서울시에서는 '강남피카소의원'이라는 명칭의 '의료업'상

호를 등기하는 것은 불가능합니다(상법 제22조).

② 누구든지 부정한 목적으로 타인의 상호를 사용하지 못합니다(상호전용권). 이때, 상호 등기가 되어있으면 동일한 지역(특별시, 광역시, 시, 군)에서 다른 사람이 그 상호를 사용하는 것은 부정한 목적이 있는 것으로 추정됩니다(상법 제23조).

③ 자신이 등기한 상호를 다른 사람이 부정한 목적으로 사용하고 있을 때에는 해당 상호를 사용하지 못하도록 폐지를 법원에 청구할 수 있습니다(상호폐지청구권). 등기된 상호에 대해서는 역시 다른 사람의 부정 사용 목적이 추정됩니다(상법 제23조).

④ 등기된 상호를 사용한 자에게 손해배상을 청구할 수 있습니다(손해배상청구권).

2. 상호 등기를 하지 않은 경우

① 상호는 등기하지 않았을 경우라도, 먼저 사용하고 있었음을 입증하면 보호받을 수 있습니다. 사업자등록, 환자의 진료기록 등을 통해 상호를 등기하지 않았더라도 최초 사용일시를 입증할 수 있는 방법은 많이 있습니다.

② 상호를 등기하지 않았더라도, 먼저 상호를 사용하고 있었던 사람은 해당 상호를 사용하는 다른 사람의 부정 사용 목적과 이로 인해 자신에게 손해가 발생할 염려를 입증하면, 다른 사람이 자신의 상호를 사용하지 못하도록 사용폐지를 법원에 청구할 수 있습니다(상법 제23조).

③ 결국, 상호를 등기하지 않았다고 하더라도, 다른 사람보다 먼저 사용하고 있었고, 다른 사람의 상호사용이 나의 영업으로 오인될 우려가 있을 경우, 당연히 그로 인해 손해가 발생할 염려도 있다 할 것입니다. 따라서 이런 점을 입증만 하면 등기된 상호와 비슷한 수준으로 보호받을 수 있습니다.

한편, '상표/서비스표'는 상호와 달리 '상표법'의 적용을 받습니다. 보통 소규모의 영업체인 경우, 상호와 서비스표를 달리하지 않고, 상호를 그대로 서비스표로 하거나, 아니면 서비스표 안에 상호를 포함시키기도 합니다. 이러한 이유로 일반인들이 상호와 서비스표를 혼동하기도 합니다. 하지만 상호와 서비스표는 엄밀히 말해서 서로 다른 개념이므로 약간의 차이를 보입니다.

① 상호와 달리, 서비스표는 반드시 특허청에 "등록"하여야 보호받을 수 있습니다. 내가 10년 동안 사용해오던 로고를 어느 날 다른 사람이 먼저 '서비스표'로 등록한 경우, 해당 로고에 대한 서비스표 사용권은 "등록한 사람"에게 주어집니다.
② 또한, 상호는 문자로만 구성되어 있으나, 서비스표의 경우는 문자·그림·소리 심지어 냄새 등으로 구성될 수 있습니다. 서비스표는 기본적으로 지적재산권의 영역에서 보호되는 개념입니다. 오늘날 지적재산권의 종류가 점점 세분화 다양화해짐에 따라 서비스표를 구성하는 요소들도 다양해지고 있습니다.

③ 상호는 등기된 지역 내에서만 보호를 받으나, 서비스표는 전국적으로 그 권리를 보호받으며, 심지어 그 보호범위가 국경을 넘는 경우도 있습니다.

이런 이유로 인해서 상호와 달리 서비스표 등록은 특허청의 특별한 심사를 거쳐서 이루어지게 되며, 이 과정에서 1년 이상의 시간과 약간의 비용이 소요됩니다.

주의

원장님들께서 개원을 하는 경우, 보통 의원의 이름과 더불어 의원을 상징하는 로고를 같이 제작하시는 경우가 많습니다. 이때, 반드시 의원의 이름과 로고에 대하여 '서비스표' 등록을 해두실 것을 권합니다. 상호는 등기하지 않더라도 먼저 사용하고 있으면 보호받을 수 있으나, 서비스표는 등록하지 않으면 보호받지 못하며, 그 등록신청 후 심사기간이 1년 이상 소요되기 때문에 개원과 동시에 미리 해당 의원의 '이름'과 '로고'에 대하여 '서비스표' 등록을 해 두셔야 원장님의 권리를 안전하게 보호받을 수 있습니다. 서비스표 등록과정은 특허청에서 만든 '특허로(http://www.patent.go.kr)'라는 인터넷 사이트를 통해 직접 하실 수도 있고, 변호사나 변리사에게 등록절차 대행을 맡길 수도 있습니다.

오늘날 점점 지적재산권의 중요성이 강조되고 있고, 상호나 상표의 침해로 인한 분쟁이 점차 증가하고 있는 추세이며 향후 이러한 추세는 점점 심해질 것으로 보입니다. 따라서 개원과 동시에 원장님들의 상표권/서비스표권 보호에 각별히 신경 쓰실 것을 권해드립니다.

Q13
상호에 의한 상표권침해 문제

> 서울 관악구에서 '아가야사랑해 의원'이라는 이름으로 6년 전부터 산부인과를 운영 중입니다. 그런데 지난 달 갑자기 상표권을 침해했다며 법원으로부터 손해를 배상하라는 소장을 송달받았습니다. 확인해보니 인천의 한 유아용품업체에서 자신들이 '아가야사랑해'라는 이름으로 '상표/서비스표권' 등록을 했으니, 자신들에게 이름 사용권이 있다며 손해배상을 청구한 것입니다. '아가야사랑해'라는 이름은 제가 먼저 사용하고 있었고, 유아용품업체와는 업종도 전혀 다른데 이런 일이 가능한가요?

A13 상호와 상표/서비스표는 서로 다른 개념이지만, 혼용되는 경우도 많이 있습니다. 특히 상호가 상표/서비스표를 침해하는 경우가 문제가 됩니다. 로고나 도형의 경우 이는 상호가 아니므로 먼저 사용하고 있었다고 하더라도 등록을 먼저 하지 않은 경우 보호받기가 사실상 어렵습니다. 그러나 문자로 구성된 상호의 경

우는 먼저 사용하고 있었다는 사실을 입증하면 비록 후에 다른 사람이 상표/서비스표 등록을 하더라도 상호 자체의 사용에는 그 영향을 미치지 않습니다. 또한, 경우에 따라서는 상대방의 상표등록을 무효화하는 상표등록무효심판청구까지도 진행하실 수 있습니다.

문제는 최근 소위 '상표브로커'들이 늘어나고 있다는 점입니다. 상표를 등록할 때, 해당 업종을 선택하게 되어있는데, 이때 선택하는 업종의 종류와 수에 제한이 없습니다. 따라서 의료기관을 운영하지 않는 사람이 의료기관의 각 업종(내과, 피부과, 산부인과 등으로 세분화되어있습니다)에 상표/서비스표를 먼저 등록한 경우에는 정작 의료기관을 운영해야 할 원장님들이 해당 상표나 서비스표를 사용할 수 없는 경우가 생길 수 있습니다. 따라서 의원이름과 로고를 만들 때는 반드시 상표/서비스표와 관련하여 선(先) 등록자가 있는지 여부를 확인하신 후 반드시 서비스표 등록을 진행하셔야 합니다.

문의하신 원장님의 경우, 아마도 유아용품업체에서 '아가야사랑해'라는 문자를 포함한 상표/서비스표 등록을 하면서 산부인과까지 업종 지정을 한 경우로 보입니다. 이 경우 비록 유아용품업체가 산부인과와 아무 상관이 없다고 하더라도 해당 상표/서비스표를 산부인과에서 사용할 수는 없습니다. 그런데 원장님께서는 유아용품업체가 상표/서비스표 등록을 하기 전부터 이미 '아가야사랑해'라는 '상호'로 산부인과를 운영해온 것으로 보입니다. 이 경우 상표/서비스표 등록이 되어있는 로고나 문자 등 식별요소를 사용하지 않고 단순히 '아가야사랑해'이라는 문자로 구성된 '상호' 그 자체에 대해서는 먼저 사용하고 있었던 원장님께서는 상표권/서비스표권이 미치지 않습니다. 따라서 원장님께서는 유아용품업체가 상표/서비스표 등록을 하기 전부터 '아가야사랑해'라는 상호를 사용해왔음을 입증하시고, 유아용품업체가 사용하는 상표/서비스표에서 문자(아가야사랑해) 이외에는 공통점이 없다는 사실을 설명하시면 민사적, 형사적으로 별 문제가 없을 것으로 판단됩니다. 더불어 유아용품업체가 등록한 상표/서비스표와 전혀 다른 모양의 로고를 만드셔서 별도로 서비스표 등록을 하셔서 향후 이와 유사한 문제가 생길 우려를 근본적으로 예방하실 것을 권해드립니다.

Q14
저작권 침해에 관하여

부산 해운대에서 작은 치과를 운영하는 치과의사입니다. 제가 개인적으로 사용하는 블로그에 '치아가 가지런한 배우'들이 방송에서 나온 장면을 캡쳐하여 올려놓은 적이 있습니다. 대한치과협회에서는 해마다 '건치연예인'을 뽑는 등 건강한 치아를 위하여 평소 연예인들도 적극적으로 치아건강을 위한 활동을 하고 있는 것으로 알고 있는데요. 저는 제 블로그를 통해서 치아가 건강한 배우들을 칭찬했을 뿐입니다. 그런데 이런 것들도 저작권 침해가 되나요?

A14 '저작권'이란 어떤 '저작물'을 만든 창작자 또는 그 대리인이 해당 저작물의 사용·판매·복제 등에 대해 가지는 배타적 권리를 말합니다. 여기서 저작물이란 '인간의 사상 또는 감정을 표현한 창작물'을 가리킵니다(저작권법 제2조 제1호). TV 방송에서 제작된 드라마나 쇼프로는 당연히 저작물에 해당하고 저작권의 보호를 받습니다. 한편, 저작권법 제29조 제2항에는 '청중이나 관중으로부터 반

대급부를 받지 아니하는 경우에는 판매용 음반이나 또는 판매용 영상저작물을 재생하여 공중에게 공연할 수 있다'라고 규정되어 있습니다. 결국 저작물이라 하더라도 합법적으로 구입하고, 영리적인 목적이 아니라면 대중들에게 이를 보여주는 것은 저작권법 위반에 해당하지는 않습니다.

문제는, TV 방송에서 제작된 드라마나 쇼프로가 '판매용'이냐 여부, 그리고 그 드라마나 쇼프로를 합법적으로 구입하였느냐, 정말 영리성이 없이 공연하였느냐 여부 등이 문제가 된다고 볼 수 있습니다.

우리 판례에 따르면, 의사가 자신의 의원을 홍보하는 홈페이지에 TV 방송 일부를 캡쳐하여 올려두는 것은 저작권 침해로 보고 있습니다. 따라서 방송캡쳐한 사진이나 방송의 일부 동영상을 의원 홈페이지에 게재하실 때에는 사전에 방송국이나 방송제작자 등 저작권자들로부터 사용허가를 받으셔야만 합니다.

또한, 영업용이 아니라 개인 홈페이지나 블로그에 방송 일부를 캡쳐하여 올리시는 것도 주의하셔야 합니다. 저작권법과 우리 판례는 '공정한 인용과 비평' 또는 '교육용 목적'일 경우에만 이를 예외적으로 허용할 뿐, 그 이외의 사적인 용도로 방송을 캡쳐하는 것은 저작권침해에 해당하는 것으로 보고 있습니다. 따라서 비록 개인 홈페이지나 블로그에 사용하는 경우에도 방송을 캡쳐한 사진이나 일부 동영상을 게재하는 것은 바람직하지 않습니다.

문의하신 원장님의 경우, 만일 원장님께서 방송 캡쳐를 올리신 홈페이지가 개인 블로그라 하더라도 이 블로그를 통해 병원홍보나 환자관리 등을 하신다면 이는 영리성을 띈 행위로 인정될 수 있습니다. 따라서 이 경우에는 저작권 침해에 해당합니다. 만일 원장님의 블로그가 병원의 영업과 전혀 무관한 순수한 공익목적 또는 교육목적의 블로그라면 저작물의 사용이 허용된 범위일 수도 있습니다. 그러나 공익목적이나 교육목적인지 여부는 법정에서 밝혀지는 것이니 만큼 분쟁을 예방하기 위하여 사전에 해당 방송을 제작한 방송국이나 제작자에게 공익목적 등을 밝히시고 사용여부에 대하여 허락을 받으시는 것이 바람직해 보입니다.

Q15
저작권과 초상권-연예인의 사진

> 피부과를 운영 중입니다. 깨끗한 피부로 유명한 여배우 ○○○의 이미지가 저희 피부과에 잘 맞다고 생각하여 이 여배우의 사진을 저희 피부과 홈페이지에 사용하고자 합니다. 그런데 이 여배우의 사진을 활용하려면 누구에게 사용허락을 받아야 하는지요.

A15 개인의원의 홈페이지나 원장님들이 개인적으로 사용하는 블로그에 유명 연예인의 사진을 게재하는 경우가 흔히 있습니다. 위에서 보았듯이 의원 홈페이지나 개인 블로그 여부를 떠나 타인이 찍은 사진을 사용하는 것은 당연히 저작권 침해가 됩니다. 그런데 또 하나 저작권 침해와 더불어 연예인들의 얼굴이 나오는 것 자체로 인하여 연예인들에 대한 초상권 침해의 문제가 발생할 수 있습니다.

초상권이란 자신의 얼굴 등 초상이 무단으로 촬영되거나 촬영된 사진이 사용되지 않도록 할 권리를 말합니다. 초상권은 프라이버시권의 하나로써 저작권과는 별개의 개념입니다. 연예인들처럼 일상(프라이버시)의 공개를 어느 정도 감수할 수밖에 없는 경우, 초상권이 제한되기도 합니다. 어떤 사람이 연예인의 사진을 직접 찍어서 개인 소장목적으로 보관하는 경우에는 초상권을 침해했다고 보기 어렵습니다. 그러나 이 사진을 영업목적(의원 홈페이지)으로 사용한 경우, 이는 해당 연예인에 대한 초상권 침해가 됩니다. 따라서 이 경우에는 해당 연예인으로부터 그 사진에 나온 초상의 사용허락을 받아야 영업용으로 사용할 수 있습니다.

한편, 그 사진에 대한 '저작권'은 해당 연예인이 아니라 직접 사진을 찍은 사람에게 있습니다. 사진영상 자체를 촬영하는 행위도 창작에 해당하므로 사진을 찍은 사람은 해당 사진에 대한 당연히 '저작권'을 가집니다.

결국, 원장님들께서 연예인의 사진을 의원 홈페이지에 사용하기 위해서는 해당 연예인으로부터 '초상권의 사용허락'을 받고, 사진을 찍은 사람으로부터 '저작물의 사용허락'을 별도로 받으셔야 합니다. 그런데 연예인들이 화보로 찍은 사진 등의 활용에 대해서는 연예인들이 사진작가나 화보 출판회사로부터 금전적인 대가를 받고 그 사용권한을 사진작가나 화보 출판회사에 일괄적으로 이전하는 경우가 많습니다. 이런 경우에는 해당 연예인에 대한 초상권 허락 없이 사진작가나 화보출판회사로부터 '저작물의 사용허락'만으로 연예인의 사진을 사용하실 수도 있습니다.

한편, 연예인은 그 소속사와의 계약에 따라서, 초상권 행사에 일부 제한이 가해지는 경우도 있습니다. 즉, 연예인이 임의로 자신의 초상권 사용을 허락하지 못하도록 제한하거나 함부로 영리목적의 사진을 찍지 못하도록 계약을 체결하는 경우가 많이 있습니다. 따라서 직접 연예인을 초청하여 사진을 찍어 이를 홈페이지에 게재할 경우에는 그 사용이 가능한지에 대하여 별도로 연예인의 계약조건을 검토하는 과정이 필요합니다.

Q16
신문기사와 저작권침해

인천 송도에서 일반외과를 운영 중인 의사입니다. 저희 병원에는 '하지정맥류' 환자를 주로 진료하는데, 병원 홈페이지를 통해 하지정맥류에 대한 정보를 환자들에게 제공하고 있습니다. 이 정보들 중에는 신문기사도 일부 있는데요. 신문기사를 개제할 때에는 반드시 출처와 작성자 등 관련 정보도 함께 제공하고 있습니다. 신문이란 것 자체가 공익성을 띄고 있고, 누구나 인터넷에서 쉽게 검색해서 그 내용을 알 수 있으므로, 출처를 정확히 밝힐 경우에는 저작권침해가 안 될 것이라고 생각하고 있습니다. 어떤가요?

A16 저작권법 제7조(보호받지 못하는 저작물) 제5호는 '사실 전달에 불과한 시사보도'라고 규정하고 있습니다. 따라서 신문기사가 단순히 '사실 전달' 수준에 불과할 경우에는 저작물로 인정되지 않습니다. 우리 판례는 "저작권법의 보호대상이 되는 것은 외부로 표현된 창작적인 표현 형식일 뿐 그 표현의 내용이 된 사상이나 사

실 자체가 아니고, 시사보도는 여러 가지 정보를 정확하고 신속하게 전달하기 위하여 간결하고 정형적인 표현을 사용하는 것이 보통이어서… 독창적이고 개성 있는 표현 수준에 이르지 않고 단순히 '사실의 전달에 불과한 시사보도'의 정도에 그친 것은 저작권법에 의한 보호대상에서 제외한 것이다… 스포츠 소식을 비롯하여 각종 사건이나 사고, 수사나 재판 상황, 판결 내용 등 여러 가지 사실이나 정보들을 언론매체의 정형적이고 간결한 문체와 표현 형식을 통하여 있는 그대로 전달하는 정도에 그치는 것은 저작권법에 의하여 보호되는 저작물이라고 할 수 없다."고 판시하고 있습니다(대법원 2009.5.28. 선고 2007다354 판결).

위의 판례를 바꾸어 이해해보면, 스포츠소식이나 각종 사건 사고, 수사나 재판 상황 전달 등을 넘어서서 기자 개인의 의견이나 평석이 들어가거나, 기사에 기자가 창작한 고유의 표현이 들어가 있으면 이는 저작권법에서 보호하는 '저작물'에 해당한다고 볼 수 있습니다. 따라서 정보를 제공하는 목적의 기사라고 하더라도, 해당 기사가 기자의 창작표현이 있고, 단순 사실 전달을 넘어선 정보가 포함된다면 이는 저작물에 해당합니다. 우리가 통상 접하는 대부분의 신문기사는 이런 저작물에 포함된다고 보시면 됩니다.

그리고 저작물은 비록 대중에게 공표되었거나 무료로 쉽게 접할 수 있다고 해서 저작권이 보호되지 않는 것은 아닙니다. 기자가 기사에 '사용을 허락'하는 명시적인 표시를 하지 않은 이상 출처를 밝혔는지 여부, 유료/무료여부를 불문하고, 해당 기사를 그대로 홈페이지에 인용하는 것은 저작권 침해에 해당합니다.

한편, 우리 판례에서는 신문기사에 '직접 링크'를 걸어서 신문사 홈페이지 등으로 이동할 수 있도록 하는 것은 저작권 침해에 해당하지 않는다고 보고 있습니다(대법원 2009.11.26. 선고 2008다77405 판결). 단, 이 경우도 반드시 '직접 링크'에 한하여 허용될 뿐입니다. 즉, 원장님의 홈페이지에 신문기사의 인터넷주소를 연결시켜두고 인터넷주소를 클릭하면 신문기사 홈페이지나 인터넷 포털사이트를 통해서 신문기사가 보이도록 하는 것만 허용될 뿐, 인터넷주소를 클릭하면 원장님의 홈페이지 내부에서 신문사 홈페이지나 해당 기사가 뜨도록 하는 형식의 링크는 허용되지 않습니다.

꼭 필요하고 중요한 정보는 해당 기사의 내용을 간략히 소개하면서(이때도 기사의 내용을 복사하셔서는 안 되고 직접 소개 글을 적어야 합니다), 인터넷주소를 클릭하면 해당기사의 원문이 실린 신문사 홈페이지나 포털사이트로 연결되도록 해 두실 것을 강하게 권해드립니다. 또한, 무료 이용과 자유로운 배포가 허용된 기사를 이용하는 경우도, 그 일부나 전체를 홈페이지에 인용 하실 때에는 반드시 출처와 자유로운 배포가 허용되어 있음을 밝혀두셔야 합니다.

Q17 의료기술과 특허권

서울 강남에서 성형외과를 운영 중에 있습니다. 20년 가까이 성형외과를 운영하며 남들보다 다양한 임상경험도 쌓을 수 있었고 그 중에는 제가 처음 시도한 수술법도 여럿 있습니다. 저는 이 수술법을 세상에 공개해서 의료발전에 이바지하고픈 마음이 큽니다. 그런데 한편으로는 저의 새로운 수술법을 다른 누군가가 마치 자신이 개발한 기술인 마냥 이용할까 걱정도 됩니다. 그래서 제가 개발한 새로운 수술법에 대하여 저작권법상 보호받을 수 있을지 궁금합니다.

A17 저작권법상 보호되는 저작물에는 어문저작물, 영상저작물, 건축저작물 등이 있으며, 보통 신기술 개발은 여기에 포함되지 않습니다. 신기술 개발의 경우는 '저작권법'이 아닌 '특허법'에 의해 보호를 받습니다. '의료기술'의 경우도 마찬가지로 '저작권법'이 아닌 '특허법'의 보호를 받는 기술영역에 포함됩니다.

의료기술은 크게 나누어 '기계적인 기술'과 '치료 기술'로 나눌 수 있는데 기계적인 기술(의료관련 장치, 분석방법, 신약개발 등)은 우리나라에서도 폭넓게 특허로 인정받을 수 있습니다. 그러나 새로운 수술법과 같은 '치료 기술'의 경우 정책적으로 아직은 특허로 인정되지 않고 있습니다. 다만, 미국에서는 19세기부터 '치료 기술'에 특허를 인정해 왔고, 이웃 일본도 치료 기술에 대하여 특허를 인정하는 방향으로 가고 있습니다. 특허법과 같은 지적재산권은 개인의 권리이기도 하지만 크게 보면 국가의 이익과도 관련이 있고, 오늘날 자유무역협정 등의 영향을 받아 지적재산권의 출원과 보호가 세계적으로 공통적인 기준으로 나아가는 경향이 있습니다. 따라서 머지않은 장래에 우리나라에서도 순수한 치료 기술에도 특허가 인정될 가능성은 크다고 판단됩니다.

현재와 같은 상황에서 '치료 기술'을 특허에 준하여 보호받는 방법을 고려하면 다음과 같습니다.

① 치료 기술을 관련 해외 저널에 소개하고 외국에서 그 실용성과 창작성을 인정받아 미국 등 치료 기술을 인정하는 나라에서 특허를 취득하는 방법이 있습니다. 특허를 대행하는 변리사들의 경우 국내 특허 뿐 아니라 해외에서의 특허신청도 전문적으로 함께 대행하는 경우가 많으므로, 해외 특허출원에 경험이 많은 변리사와 상담하여 해당 치료 기술을 인정받을 수 있는 나라에 출원해 볼 수 있습니다.

② '융합특허'로 신청하는 것도 하나의 방법입니다. 융합특허란 서로 다른 영역의 기술이 결합하여 새로운 신기술을 개발한 경우를 말하며 법률적으로 규정된 용어는 아닙니다. 예를 들어, 새로운 수술법을 개발하고 이 수술을 위해서 기존의 의료기기에 약간의 창의적인 수정을 가하여 이 전체를 하나의 특허나 실용신안으로 신청하는 것을 생각해 볼 수 있습니다. 이 경우 특허나 실용신안으로 받아들여질지는 미지수이지만 '치료 기술'자체에 전혀 특허를 인정하지 않는 우리나라에서는 시도해 볼 수 있는 방법의 하나라고 판단됩니다. 이 경우 특허보다 상대적으로 인정받기 쉬운 '실용신안'으로 출원 신청할 것을 권해드립니다.

③ 의료법 제54조에 따라 설립된 '신의료기술평가위원회(http://nhta.or.kr)'를 통해 새로운 수술법을 신의료기술로 인정받는 것도 하나의 방법입니다. 신의료기술평가위원회에서 평가하는 의료기술은 "내·외과적 시술 및 검사 등"으로 규정되어 있으며, 평가영역은 "의료법에 의한 안전성·유효성 평가와 국민건강보험법령에 따른 급여 적정성 및 비용-효과성 평가"로 되어있습니다.[9] 신의료기술평가위원회의 평가로 특허나 경제적인 이득이 보장되지는 않지만, 이를 통해 새로운 수술법을 개발한 사람으로서의 지위는 인정받을 수 있을 것으로 판단됩니다.

---

9 신의료기술평가위원회 홈페이지(http://nhta.or.kr)에서 관련내용을 인용했습니다.

문의하신 원장님의 경우 새로운 수술법 자체를 특허로 인정받기는 어려워 보입니다. 그러나 보통 새로운 수술법을 개발하는 과정에서 원장님께서 기존의 의료기기를 약간 개량하여 사용하는 경우가 종종 있을 것입니다. 이런 약간의 개량도 실용신안으로 출원 신청하는 것은 가능합니다. 이때 개량된 의료기기와 원장님의 수술법을 하나의 기술로 신청하는 것이 대안이 될 것으로 생각됩니다. 만일 실용신안이 받아들여지지 않더라도, 실용신안의 출원과 심사청구 등에 걸리는 시간이 1~2년 정도 소요되므로, 그 기간 동안 출원 중이란 사실은 주위에 알릴 수 있으므로, 해당 수술법을 원장님이 개발하였다는 사실을 간접적으로 홍보할 수는 있을 것으로 판단됩니다.

Q18
'의료광고사전심의제도'에 대하여

> 부산에 소재한 OO대학교 대학병원에서 수련을 받은 비뇨기과 의사입니다. 같은 병원에서 수련 받은 선후배 중에 서울에 개업한 사람도 있고, 부산에 개업한 사람도 있는데, 모두 함께 모여서 병원이름도 같이 쓰고, 의료기술도 공유하고, 광고비용도 절감해보자는 의미에서 '새나라 비뇨기과 네트워크'라는 이름의 '네트워크 병원'을 공동 설립하기로 했습니다. 공동 설립자 중에 가장 나이가 많은 선배님이 부산에 계시는 관계로 부산에 있는 의원을 본점으로 하고 다른 지방에 있는 의원들은 분점으로 해서 인터넷을 통해 광고를 하려 합니다. 어떤 절차를 거쳐야 하는지요.

A18 의료법 제56조, 제57조는 '의료광고'에 대하여 규정하고 있습니다. 동법 제56조(의료광고의 금지)는 신기술의료평가를 받지 아니한 신기술의료광고, 수술 장면 등을 노출하는 광고, 인터넷이 아닌 공중파 텔레비전을 통한 광고 등 의료광고를 할 수 없도록

금지된 것들을 규정하고 있습니다. 그리고 동법 제57조(광고의 심의)는 신문, 잡지 등 정기간행물, 현수막이나 교통수단, 인터넷 매체 등을 통한 광고에 대하여 허용범위를 정하고 있는데, 허용되는 광고라 할지라도 광고의 내용과 방법 등에 대하여 반드시 '사전심의'를 받도록 규정하고 있습니다.('의료광고사전심의제도').[10]

'의료광고사전심의제도'의 주체는 보건복지부 장관이지만 의료법 제57조에 의해 '대한의사협회 산하 의료광고심의위원회(http://www.admedical.org)'에서 그 업무를 위탁받아 수행하고 있습니다. 따라서 의료기관이나 의료기관을 운영 중인 원장님들이 의료광고를 하기 위해서는 반드시 의료광고심의위원회에 사전심의를 신청하셔서 '광고승인'을 얻으셔야 합니다.

의료광고심의위원회 홈페이지 → 열린마당 → 자료실에 들어가시면 '의료광고심의기준'이라는 첨부문서를 확인할 수 있습니다. (의료광고심의기준은 의료광고심의위원회의 회의를 통해서 그 내용이 수시로 변경될 수 있으며, 이 심의기준 자체가 위원회에 저작권이 귀속된 저작물이므로 그 인용에 제한을 받습니다. 그러한 이유로 본서에는 그 자세한 내용을 생략하오니 양해를 부탁드립니다.) 의료광고심의기준을 다운로드 받으시면 의료광고 사전심의에 대한 구체적이

---

[10] 의료광고는 의료의 공익성과 전문성 그리고 과도한 경쟁으로 인한 문제점 등을 고려하여, 금지되는 광고방법을 정해두고 허용되는 광고방법에 대하여는 사전심의를 받도록 하여 사회적 공익과 의사들의 이익 사이에 균형을 추구하고 있습니다.

고 자세한 사항을 확인할 수 있습니다. 의료광고 전 반드시 위 자료를 통해서 광고승인 여부를 검토해보신 후, 사전심의를 신청하실 것을 권해드립니다.

문의하신 원장님의 경우, 네트워크 병원에 대한 광고여부를 묻고 있는 것으로 판단됩니다. 문의하신 내용에 대하여, 보건복지부 등 관계기관 문의와 '의료광고심의기준'을 토대로 검토해 본 결과, 인터넷을 통해 네트워크 병원을 광고하는 경우, 구체적인 진료과목을 적시하여 광고하는 것과 본점과 분점을 구분하여 광고하는 것 등은 금지되어 있습니다. 따라서 원장님과 선후배분들이 운영하고자 하는 '새나라 비뇨기과 네트워크'에 대해서는 '새나라 네트워크' 또는 '새나라 비뇨기과'로만 광고하실 수 있습니다.

한편, 네트워크 의료기관에서 진료과목을 표기하지 못하도록 하는 것은 동일한 네트워크 병원일지라도 각각 진료과목이 다를 수 있기 때문입니다. 즉 동일한 상호를 사용하는 네트워크 병원 속에서 A의료기관은 성형외과, 피부과를 진료과목으로 표방하고, B의료기관은 내과, 가정의학과, 피부과를 진료과목으로 표방한다면 광고상 A의료기관과 B의료기관이 위의 모든 과목을 진료하는 것으로 오인될 소지가 있기 때문입니다. 따라서 네트워크 병원에서 각 의료기관들이 서로 다른 진료과목을 진료할 경우 각 의료기관의 명칭과 해당 진료과목을 제시하여 광고할 수는 있습니다(예를 들어, '새나라 피부과', ' 새나라 성형외과', '새나라 내과'와 같은 형태로 광고가 가능합니다).

또한 '본점'과 '분점' 등을 구분하여 표현하는 것은 금지되어 있지만, 각 지역의 명칭은 사용할 수 있습니다. 즉, '새나라 네트워크 본점'과 '새나라 네트워크 분점' 형태의 광고는 허용되지 않지만, '새나라 네트워크 강남점', '새나라 네트워크 서초점'과 같은 형태의 광고는 허용됩니다.

동업, 네트워크 그리고 MSO

III장에서는 '**동업**'에 관하여 설명합니다. 최근 의료기관들이 대형화, 전문화하는 경향이 강해지면서, 개원의들도 MSO, 네트워크 병원 등 다양한 형태의 동업체로 개원하는 경우가 늘어나고 있습니다. 이와 관련하여 '**의사 아닌 자와의 동업**', '**MSO**', '**네트워크 병원**', '**메디컬 빌딩**', '**동업을 시작할 때 확인사항**' 등에 대해 알아보도록 하겠습니다.

개원의들을 위한 **법률 컨설팅**

Q19
동업의 형태

> 서울에서 친구들과 동업형태로 개원을 하려 합니다. 그런데 의료법상 의사들의 동업에는 많은 제약이 있는 것 같아요. 동업에는 어떤 종류가 있고, 어떤 점을 조심해야 하는지 알려 주세요.

A19 최근, 병/의원의 수가 늘어감에 따라 그 규모도 대형화되어 가고 있습니다. 그러나 원장님 개인이 부담할 수 있는 비용에는 한계가 있기 때문에 점차 동업형태의 개원이 늘어가고 있는 것 같습니다.

동업의 형태에는 '하나의 병/의원을 여러 명이 공동으로 개원하는 단순 동업'에서부터, 'MSO를 이용한 네트워크형 동업'까지 그 종류가 매우 다양합니다. 동업의 구체적인 종류와 그 특징 등에 대해서는 아래의 Q&A에서 상술하도록 하겠습니다.

여기서는 우선 의사들이 동업을 준비하는 데 가장 중요한 두 가지 법 조항만 소개합니다.

> **의료법 제33조**
> 제2항 다음 각 호의 어느 하나에 해당하는 자가 아니면 의료기관을 개설할 수 없다. 〈이하 생략〉
>   제1호 의사, 치과의사, 한의사 또는 조산사
>   〈제2호 이하 생략〉
> 제8항 제2항 제1호의 의료인은 어떠한 명목으로도 둘 이상의 의료기관을 개설·운영 할 수 없다.

의료법 제33조 제2항은 '의사 아닌 자의 의료기관 설립을 금지'하는 규정이며, 동조 제8항은 '1의료인 1의료기관 원칙'에 대한 규정입니다. 동업과 관련하여 이 조항들은 어떠한 경우에도 어겨서는 안 되는 조항들이며, 위반 시 형사적·행정적으로 큰 책임을 질 수 있습니다.

이하에서는 위 두 조문에 대한 해석과 함께 동업 시 유의할 점에 대하여 '동업의 형태'별로 설명하겠습니다.

Q20
의사 아닌 자와의 동업

> 서울에서 피부과를 운영 중인 피부과 전문의입니다. 지금 운영하는 의원을 옮겨 좀 더 크게 확장하려고 하는데요. 새로 옮기는 건물 임대료와 인테리어 비용이 너무 많이 들어갈 것 같아서 걱정하고 있습니다. 그런데 건물 주인이 매월 의원 수입의 30%를 자신에게 주면 의원 임대보증금을 면제해주겠다고 제안하였습니다. 제 입장에서는 나쁘지 않은 제안인데요, 이런 식으로 의원을 운영하는 것이 법에 저촉되지는 않을까요?

A20 의료법 제33조 제2항에 따르면 개인의 경우 '의사는 종합병원·병원·요양병원 또는 의원을, 치과의사는 치과병원 또는 치과의원을, 한의사는 한방병원·요양병원 또는 한의원'을 개설할 수 있으며, 단체의 경우는 '국가나 지방자치단체, 의료법인' 등 법이 정한 경우에만 의료기관을 개설할 수 있습니다.

따라서 의사 아닌 개인이 의료기관을 개설하면 의료법 제33조 제2항 위반이 되어, 5년 이하의 징역 또는 2천만 원 이하의 벌금형에 처해질 수 있습니다. 이때 의료인이 아닌 자의 의료기관개설을 위해 면허증을 대여해 준 의사도 의료법 제33조 제2항 위반에 대한 공동정범이 되어, 의사면허 취소 처분과 함께 5년 이하의 징역 또는 2천만 원 이하의 벌금형에 처해질 수 있습니다. 그리고 의사 아닌 개인이 개설한 의료기관에 고용되어 일을 한 의사의 경우에는 3개월의 의사면허 자격정지 처분과 함께 300만 원 이하의 벌금형에 처해질 수 있습니다. 이는 흔히 말하는 '사무장 병원'에 대한 처벌 규정들입니다. '사무장 병원'이란 ① 의사 아닌 자가 의사의 면허를 대여하여 의료기관을 설립 하거나, ② 의사 아닌 자가 의사를 고용하여 고용된 의사의 이름으로 의료기관을 설립하는 불법적인 의료기관을 말합니다.

그런데 의사(A)와 의사 아닌 자(B)가 공동 출자하여 의사(A)의 이름으로 의료기관을 설립하고, 해당 의료기관의 수익금을 A와 B가 나누는 형식의 동업이 '사무장 병원'에 해당하는지가 문제가 됩니다. 의사인 A가 의료기관을 설립하고 직접 진료도 하기 때문에 면허를 대여한 것은 분명 아니며, A가 공동출자하였기 때문에 B에게 고용된 의사로 보기에도 다소 무리가 있기 때문입니다.

이와 관련하여, 우리 판례는 "의사와 의사 아닌 자가 각 그 재산을 출자하여 함께 병원을 개설한 후 그것을 운영하여 얻은 수입을 동등한 비율로 배분하기로 하는 내용의 약정은 강행법규인 의료법 제30조 제2항(현행 의료법 제33조 제2항) 위반으로 무효이므로, 위 병원 운영과 관련하여 얻은 이익이나 취득한 재산, 부담하게 된 채무 등은 모두 원고 개인에게 귀속되는 것(대법원 2003.09.23. 선고 2003두1493 판결)"이라고 판시하고 있습니다.[11] 이는 의사와 의사 아닌 자가 공동출자하여 의료기관을 설립하는 것이 의료법 제33조 제2항에 위반됨을 전제로 한 판결입니다.

한편, 의사와 간호조무사가 공동으로 출자하여 의료기관을 설립할 수 있는지에 대하여 국민신문고를 통해 문의한 결과 보건복지부로부터 "의료기관개설 주체가 아닌 간호조무사가 의료인과 공동 출자해 의료기관을 개설하고 운영수익을 배분하기로 했다면 사무장병원에 해당한다. 이는 의료기관을 개설할 수 없는 자가 의료기관을 개설할 수 있는 자와 함께 재산을 출자해 의료기관을 개설하고 수익을 배분해 실질적으로 의료법을 위반한 의료기관을 사무장병원 유형으로 규정하는 것을 전제로 한다"[12]라고 회신한 바, 우리 법원과 관련 부처는 '의사와 의사 아닌 자가 공동출자하여 그 수익을 서로 나누어 갖기로 하고 개설한 의료기관을 의료법 제33조 제2항을 위반한 불법 설립 의료기관'으로 판단하는 것으로 보입니다.

---

[11] 이 판결은 의료법 위반에 대한 형사처벌이나 행정처분을 직접 다툰 것은 아니며, 의료법을 위반하여 설립된 병원의 재산과 채무가 누구에게 귀속되는가를 다툰 사안입니다.
[12] 인터넷 뉴스 데일리팜(http://www.dailypharm.com/News) 2013년 8월 26일자 기사 참조

한편, 이와는 조금 다른 사례도 있습니다. 의사(A)가 의사 아닌 자(B)와 공동출자하여 병원을 설립·운영하였다는 이유로 의사(A)에게 '의사면허 자격정지 처분'이 내려지자 이에 대하여 다툰 사건에서 법원은 "이 사건 동업약정에 의하면, A와 B는 손익분배비율을 각 50%씩으로 하여 이 사건 병원을 공동으로 운영하기로 하면서 담당 업무를 세부적으로 구분하여 의사 및 간호사의 보수와 인사관리 등 대내적인 업무는 A가, 행정·재무 및 시설 관리 등 대외적인 업무는 B가 각각 총괄하여 담당하기로 하였는바, 이 사건 병원에서 이루어지는 전문적인 의료행위는 의사인 A의 총괄 업무에 속하는 것으로 그와 관련하여 A와 B 사이에 사용·종속관계에 있다고 보기 어려울 뿐만 아니라 A가 B로부터 근로의 대가에 해당하는 보수를 받았다고 볼 만한 자료도 없다… A는 이 사건 병원을 개설·운영하는 과정에서 필요한 자금의 조달, 전문적인 의료행위와 이를 행하는 의료진에 대한 실질적인 지휘·감독권의 행사, 이 사건 병원 운영 성과나 손익의 귀속 등에 있어서 B와 비교하여 주도적인 입장에 있었고, 그와 같은 위치에서 이 사건 병원의 운영에 상당한 정도로 관여하였다고 보는 것이 타당하다. 따라서 A가 B와 함께 이 사건 병원을 운영함으로써 의료인이 아닌 자의 의료기관개설을 금지한 구 의료법 제30조 제2항(현행 의료법 제33조 제2항)을 위반하였는지 여부는 별론으로 하고, A가 B에게 고용되어 의료행위를 하였다고 보기는 어렵다. 따라서 A가 B의 피고용인임을 전제로 한 이 사건 처분은 위법하다(서울행정법원 2013.3.26. 선고 2012구합280 판결)"라고 판시하고 있습니다.[13] 단, 이 판결은 1심 판결이므로 확정된 것은 아니며, 원인행위가 17년 전의 동업사건이었던 점, 그리고 이 판결은 '의사면허자격정지'의 이유가 된 "A와 B의 고용관계 여부"에 대한 판단에 불과하며, A와 B의 동업이 의료법 제33조 제2항을 위반한 '사무장 병원'에 해당하는지에 대하여 판단한 것은 아니라는 점에 유의하셔야 합니다.

문의하신 원장님의 경우, 현재 우리 판례와 보건복지부의 입장, 그리고 '사무장병원'에 대한 사회적인 문제의식 등을 고려해 볼 때, 건물 주인으로부터 임대보증금과 월임차료를 면제받고 의원수익을 나누는 것은 '의료법 제33조 제2항'을 위반한 '사무장 병원'으로 판단 받을 가능성이 매우 높아 보입니다. 건물주인의 제안을 거절하실 것을 강하게 권해드립니다. 한편, 이미 이와 같은 형태의 동업으로 '의사면허취소처분 또는 의사자격정지처분'을 받으셨다면 이에 대해서는 '① 의사면허를 대여해 준 것도 아니고, ② 직접 투자했으므로 고용관계에 있었던 것은 더욱 아니다'라는 주장으로 행정법원에 위 행정처분에 대한 취소의 소를 제기할 수는 있을 것으로 판단됩니다.

---

13 위 판결의 판결문은 메디칼타임즈(http://www.medicaltimes.com)에서 제공해 주었습니다.

Q21
'사무장병원'에 대한 의사의 책임

> 사무장 병원에서 고용되어 의료행위를 했을 경우, 의사는 어떤 처벌을 받게 되나요?

A21 '사무장 병원'은 법률 용어는 아니며, '의료법 제33조 제2항'에 위반하여 의료기관을 설립할 수 없는 자가 설립한 병/의원을 통칭하여 일컫는 말입니다. '사무장 병원'을 설립한 자나 그에 도움을 준 의사는 ① 형사처벌과 ② 행정처분 그리고 ③ 요양급여환수청구 등을 당하게 됩니다.

① Q 20에서 보았듯이 의사 아닌 자가 병/의원을 설립하였을 때에는, 5년 이하의 징역이나 2천만 원 이하의 벌금에 처해집니다. 병/의원 설립에는 반드시 의사의 면허가 필요한데, 이때 의사 아닌 자에게 의사 면허를 대여해준 의사도 5년 이하의 징역이나 2천 만 원 이하의 벌금에 처해집니다. 그리고 단순히 의사 아닌 자에게 고용되어

의료행위를 한 의사는 벌금 300만 원 이하의 처벌을 받게 됩니다.

② 현행 의료법 상 '사무장 병원'에 대하여 '개설허가취소'나 '폐쇄명령'등의 행정처분을 내릴 수 있는 법적 근거가 명확하지 않습니다. 따라서 행정처분은 주로 '사무장 병원'의 소유주가 아니라, 그 병/의원에서 근무한 의사들에 대한 처분이 중심이 됩니다.

의사 아닌 자에게 면허를 대여한 의사는 의료법 제65조 제1항 제5호에 의해 '의사면허 취소처분'을 받게 되며, 의사 아닌 자에게 고용되어 의료행위를 한 의사는 의료법 제66조 제1항 제2호에 따라 '의사면허 정지처분(3개월)'을 받게 됩니다.

③ 위와 같은 형사처벌과 행정처분도 큰 제재이지만, 사실 더 큰 문제가 되는 것은 요양급여환수청구입니다. 국민건강보험법에 따라 (특별한 경우를 제외하고는) 우리나라의 의료기관은 당연히 '요양기관'으로 지정되어, 보험수가 진료 환자의 진료비 중 일부를 국민건강보험공단으로부터 '요양급여' 형태로 대신 지급받게 됩니다.

국민건강보험법

제57조(부당이득의 징수)
제1항: 공단은 속임수나 그 밖의 부당한 방법으로 보험급여를 받은 사람이나 보험급여 비용을 받은 요양기관에 대하여 그 보험급여나 보험급여 비용에 상당하는 금액의 전부 또는 일부를 징수한다.

> 제2항: 공단은 제1항에 따라 속임수나 그 밖의 부당한 방법으로 보험급여 비용을 받은 요양기관이 다음 각 호의 어느 하나에 해당하는 경우에는 해당 요양기관을 개설한 자에게 그 요양기관과 연대하여 같은 항에 따른 징수금을 납부하게 할 수 있다.[14] 〈신설 2013.5.22〉
>
> 제1호: 의료법 제33조 제2항을 위반하여 의료기관을 개설할 수 없는 자가 의료인의 면허나 의료법인 등의 명의를 대여 받아 개설·운영하는 의료기관

'사무장 병원'이 적발되었을 경우, 국민건강보험공단은 위 국민건강보험법 제57조 제1항에 의해 이미 지급한 '보험급여(요양급여)' 전액에 대하여 '의료기관'을 상대로 부당이득반환을 청구할 수 있으며, 이에 따라 '의료기관의 개설명의 의사(개설의)'를 상대로 부당이득반환을 청구하고 있습니다. 최근 신설된 동법 제57조 제2항에 따라 '개설의' 외에 '실제 소유주'에게도 요양급여의 반환을 청구할 수 있도록 되었으나 이는 연대채무에 대한 규정에 불과하므로, 여전히 '사무장 병원'에 사실상 고용되어 명의만 빌려주고 실제 병/의원 소득을 얻지 않은 의사에게 '부당하게 지급한 요양급에 대한 반환청구'가 이루어지고 있습니다.

전 국민을 대상으로 하는 국민건강보험의 특성에 따라 우리나라 병/의원의 실소득에서 요양급여가 차지하는 부분은 절대적이라 할

---

14 제2항은 2013년 5월 22일 신설된 조항입니다.

만큼 높습니다. 이는 사무장 병원이라고 하여 다르지 않습니다. 따라서 사무장 병원에 대한 요양급여반환청구는 그 금액이 적게는 수천만 원에서 많게는 수십억 원에 이르곤 합니다.[15]

사무장 병원은 의사의 명의만 빌려서 운영되는 경우는 별로 없으며, 대부분 고용된 의사의 명의로 개설한 후, 고용된 의사가 진료도 담당하는 경우가 일반적입니다. 이 경우 위에서 본 것처럼 각종 형사처벌과 행정처분 이외에 사무장 병원을 통해 병/의원의 소유주(의사 아닌 자)가 벌어들인 소득의 상당부분을 차지하는 요양급여를 '개설의'가 대신 반환해야 하는 문제가 발생합니다. 명의를 빌려준 개설의가 실제 병/의원의 소유주에게 위 요양급여반환청구액에 대하여 구상권을 행사하거나 손해배상을 청구하는 방법이 없지는 않으나 그 실효성에 대해서는 의문이 남습니다.

따라서 어떤 경우에도 의원 개설은 직접 의원을 개설하고자 하는 의사 본인의 명의로만 개설하여야 하며, 단순히 봉직의로 일한다고 하여도 절대 사무장 병원에 고용되어 의료행위를 하는 일은 없어야 할 것입니다.

---

[15] 국민건강보험 외에 최근 민영보험이 일반화됨에 따라 개인이 진료 받은 후 그 진료비에 대하여 민영보험회사로부터 병/의원이 진료비를 받는 경우도 증가하고 있습니다. 사무장 병원으로 단속/처벌받았을 경우, 각종 민영보험사들로부터 보험사기로 인한 형사고발과 부당이득반환청구 등을 당할 수도 있습니다.

Q22
MSO에 대하여

> 요즘 의원을 개설하는 의사들 사이에서 'MSO'에 대한 관심이 높습니다. MSO가 무엇인지 설명을 부탁드립니다.

A22 MSO는 'Management Service Organization'의 약자로 '병원경영지원회사'를 의미합니다. 즉, 의료행위와는 관계없는 병원경영(약품구매대행, 인력모집 및 공급, 홍보 마케팅 대행 등)에 대한 서비스를 제공하는 회사를 말합니다.

MSO는 병/의원의 비용을 절감하고 수익을 증대시켜주는 것을 목적으로 하고 있어서, 병/의원의 형태와 종류, 규모에 따라 MSO는 수십 가지 형태로 설립될 수 있습니다. 그 중 가장 대표적인 형태라 할 수 있는 세 가지만 소개하면 아래와 같습니다.

① 비용절감형 MSO

병/의원이 필요로 하는 약품의 구매, 전문인력 채용, 홍보마케팅 등을 전문적으로 대행해 주는 MSO입니다.

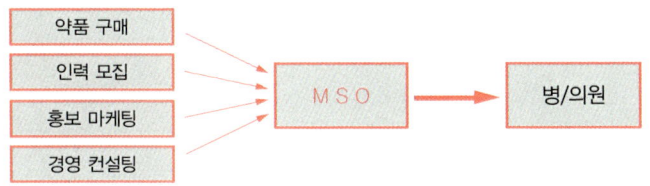

가장 기본적인 형태의 MSO이며, 이를 통해 병/의원은 필요한 약품을 제때에 소량만 구매할 수 있고, 인력채용에 필요한 시간을 절감할 수 있으며, 전문적인 홍보 마케팅과 경영컨설팅 서비스를 저렴하게 받을 수 있습니다. 단순 비용 절감형 MSO는 다수의 병/의원을 고객으로 하며, 개별 병/의원과 직접적인 이해관계가 없는 독립적인 회사형태로 운영됩니다.

② 네트워크형 MSO

여러 개의 병/의원들이 MSO를 공동으로 직접 설립하는 형태입니다. 이를 네트워크형 MSO라 칭하는 이유는 주로 '네트워크 병원'에서 이런 형태가 잘 드러나며, 또 네트워크 병원의 활성화를 위해 잘 이용되기 때문입니다. '소나타'라는 '네트워크 병원'을 가정해서 설명하겠습니다.

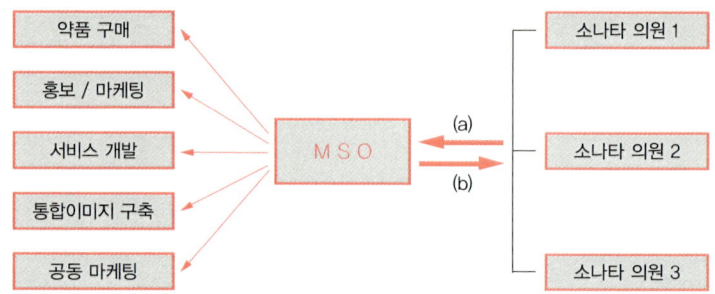

위의 '소나타의원 1', '소나타의원 2', '소나타의원 3'은 '소나타 네트워크 병원'의 구성원들이며, 이들이 공동출자하여 'MSO'를 설립합니다((a)). 이때 설립된 MSO는 사실상 '소나타 네트워크 병원'의 자회사[16]로서, '소나타 네트워크 병원'만을 위하여 약품 구매, 홍보 마케팅, 인력 채용 등을 대행합니다. 또한, 네트워크 내에서 의료기기의 공동구매, 공동이용, 그리고 브랜드 통합작업 등을 수행할 수 있습니다((b)).

즉, '소나타 네트워크 병원'의 각 구성원들은 각각 자신의 의원에서 진료에만 전념하고, MSO는 진료 이외의 사항들에 대해 네트워크 병원 구성원들을 위한 업무를 수행하는 구조입니다.

우리나라의 의원급에서 보이는 MSO는 대부분 '비용-절감형 MSO'

---

[16] 네트워크 병원이 주식회사는 아니므로, 법률적 의미에서 자회사가 될 수는 없으며, MSO는 네트워크 병원과는 독립된 회사입니다. 그러나 네트워크 병원의 구성원들이 100% 지분을 출자하여 네트워크 병원의 업무만 전담하므로 '사실상 자회사'란 표현을 사용하였습니다. 네트워크 병원의 구성원들인 의사들이 100% 지분을 출자한다는 점에서 아래에서 소개하는 '자본유치형 MSO'와 차이가 있습니다.

와 '네트워크형 MSO'형태입니다. 그러나 최근 이와는 다른 형태의 보다 산업화된 MSO도 존재합니다. 이를 '기업형 MSO'로 묶어서 설명합니다.

③ **기업형 MSO**(자본 유치형 MSO/지분 참여형 MSO)

'자본 유치형 MSO'는 독립된 MSO가 외부 자본을 투자 유치하여 병원시설을 구축한 후 이를 의료인에게 분양하여 병/의원을 설립하도록 합니다. 그리고 병/의원으로부터 수수료를 받아 투자자들에게 나누어 주는 구조입니다. 또는, 독립된 MSO가 외부 자본을 투자 유치하여 기존의 병/의원에 병원 시설을 임대하고, 위탁경영 서비스를 제공하는 구조도 이에 포함됩니다. 외부 자본을 유치하여 간접적으로 병/의원의 수익을 공유하는 형태는 모두 '자본 유치형 MSO'로 분류할 수 있으며, 지금도 새로운 형태의새로운 MSO 모델들이 계속 생성되고 있습니다.

'지분 참여형 MSO'는 의사와 의사 아닌 자가 공동으로 MSO를 설립하는 형태입니다. 주로, 의사 아닌 자가 외국인 환자 등을 유치하여 병/의원에 환자를 공급하고, 그 수익을 MSO 투자지분에 따라 나누어 가지는 형태로 운영됩니다. 외부 자본을 별도로 유치하지 않는다는 점에서 '자본 유치형 MSO'와는 구별되지만, 의사 아닌 자의 자본(동업자본)이 투입되어 병/의원의 수익을 의사 아닌 자와 공유한다는 점에서는 '자본 유치형 MSO'와 유사합니다.

이와 같은 '기업형 MSO'들은 외국에서는 이미 합법화된 경우가 많으며 점차 우리나라에서도 증가할 것으로 예상됩니다. 그러나 '비용절감형 MSO'나 '네트워크형 MSO'와는 달리 '의료인 아닌 자의 의료기관 설립'을 금지한 현행 의료법을 비껴나가기 위한 편법으로 운영될 소지가 높으며, 영리병원을 인정하지 않고, 사무장병원을 엄격히 금하고 있는 우리나라 의료현실에서 기업형 MSO가 합법적으로 운영될 수 있을 지 여부에 대해서는 아직 불투명한 상황입니다. 원장님들의 각별한 주의를 필요로 합니다.

현재 MSO라 불리는 회사들은 종래의 단순 약품 도매회사에부터 불법 투자회사까지 그 형태가 매우 다양합니다. MSO는 특정 형태의 회사를 지칭하는 것이 아님을 잘 유의하셔서 MSO와 거래를 하거나 MSO를 설립하실 때에는 먼저 그 실제 형태와 구조를 잘 이해하시고 현행 법률에 어긋나는 점이 없는지를 반드시 확인하실 것을 권해드립니다.

Q23
MSO로 인한 피해사례

> 이비인후과를 운영 중인 의사입니다. 아는 분으로부터 MSO형태의 동업제의를 받았습니다. 그런데 그 분이 의사는 아니어서 동업이 망설여지는데요. 중국에서 큰 사업을 하시던 분이라 관광과 의료를 결합한 새로운 형태의 MSO를 만들어 보자고 하시네요. 괜찮을까요?

A23 MSO는 법률이 규정하고 있는 정형화된 형태의 회사는 아닙니다. MSO라는 이름을 사용하는 회사에는 평범한 광고대행사에서부터 복잡한 투자회사까지 그 종류가 너무 다양해서 일일이 열거하기가 어려울 정도입니다. 따라서 MSO라는 이름이 아니라 실제 그 회사 구조를 보고 그 내용을 파악하는 것이 중요합니다. 그런데 최근 MSO라는 이름으로 의사에게 동업을 제안한 후 의사들에게 피해를 입히는 사례가 늘고 있어 주의를 요합니다. 그 중 대표적인 사례 하나를 소개합니다.

① 의사인 A와 의사가 아닌 B는 공동으로 출자하여 MSO를 설립하였습니다. B는 MSO의 대표이사로 취임하여 병원과 관련한 시설준비, 중국으로부터 환자유치 등을 책임지고, A는 MSO의 이사로 취임함과 동시에 의원을 설립하여 B가 중국에서 유치해온 환자들을 진료한 후, 모든 수익을 MSO에 입금하기로 하였습니다. 그리고 이렇게 발생한 MSO의 수입을 A와 B가 출자 지분에 따라 나누어 가지기로 하였습니다.

② 이에 따라 B는 의원 설립을 위해서 적당한 부동산을 물색한 후 MSO의 이름으로 건물주인과 임대차계약을 체결하였습니다.

③ 병/의원 설립을 위해서는 임대차계약서가 필요합니다. 그런데 MSO는 의료기관이 아니므로 A가 의원을 설립하기 위해서 임차인인 MSO와 별도로 전대차계약을 맺어야만 의원설립이 가능합니다. 따라서 A와 MSO 사이에는 의원 설립을 위한 목적으로 전대차계약서가 작성되었습니다.

④ A와 MSO 사이의 전대차계약서는 실제 전대차계약에 의한 것이 아니라, 의원설립신고를 위한 형식적인 것이었으나, 일단 설립 신고한 이상 소득과 비용 등 세무신고가 필수적입니다. 이에 따라 A가 의원 소득을 MSO로 모두 입금시키면 B는 이를 '의원'과 'MSO'의 소득과 비용으로 분산하여 회계 처리하였습니다. 그리고 이에 따라 전자세금계산서도 발행하였습니다.

⑤ 그러나 처음 약속과는 달리 B가 중국에서 환자를 유치해오지 않아서 결국 A와 B의 동업은 실패로 끝났고, A와 B는 동업관계를 해지하였습니다. B는 동업을 해지하며 A에게 MSO의 지분을 넘겨달라고 요구하였고, '의원'과 'MSO'의 깨끗한 채무 분리를 위해 A는 B의 요구대로 MSO의 지분을 넘겨주고 MSO의 모든 자산을 포기하였습니다.

⑥ 그런데 동업해지 한 달 만에, B가 A에게 MSO의 전대차계약서에 따른 전차료를 지급하지 않았다며 A에게 전차료 지급을 요구하였고, 더불어 MSO가 대납한 비용을 지급하라며 소송을 제기하였습니다.

⑦ MSO의 임대보증금과 매월 임차료[17]는 A의 의원에서 MSO로 입금된 돈으로 지급되었고, MSO의 모든 수익과 비용도 A의 의원에서 발생한 것이기 때문에 A로써는 B의 요구를 받아들일 수 없다고 항변하였습니다.

---

[17] '임차료'는 '임차인이 임대인에게 지급하는 돈'이며, '전차료'는 '전차인(재임차인)이 임차인에게 지급하는 돈'입니다.

⑧ B가 A에게 요구한 돈의 근거는 '형식적으로 작성한 전대차계약서'와 'MSO 내부에서 이루어진 회계자료'였습니다. A는 의원진료에만 전념하였기에 이와 관련하여 아는 바가 전혀 없었으므로 B가 제기한 소송에 대하여 마땅히 대응할 자료조차 확보하지 못해 힘겨운 법정다툼을 벌여야 했습니다.

위의 사례에서, A는 형식적으로는 전차인이지만 실질적으로는 임차인이며, 임차인의 의무를 다 이행했고, 전대차계약서는 의원설립을 위해 A와 B 사이에서 형식적으로 만들어진 것으로 보입니다. MSO의 수입은 A가 의원을 운영하며 발생한 소득을 전부 MSO에 입금하여 생긴 것이며, A가 건물주에게 직접 임차료를 지급해 왔기 때문에, B가(전대인) A에게 전차료를 요구하는 것은 이중 청구로써 부당한 청구로 판단됩니다.

이 사례는 MSO라는 이름을 사용하는 회사의 형태가 정형화되어 있지 않아서 그 정확한 회사구조와 투자/수익배분 및 회계처리에 대하여 비전문가인 의사들이 알기 어렵고, 병/의원과 MSO라는 이중의 사업체 구조를 가지고 있으므로 그 사이에서 발생하는 각종 계약서의 효력 등에 대하여 의사들이 일일이 확인하기 어렵다는 점을 이용하여 의사인 A에게 피해를 입힌 것으로 판단됩니다.

문의하신 원장님께서는 '의사 아닌 자'로 부터 MSO 동업을 제안 받으신 것으로 보입니다. 그런데 이때 MSO라는 이름은 중요한 것이 아닙니다. 실

제 중요한 것은 설립·운영될 회사의 구조와 소득분배 방식, 지배구조, 회계처리, 각종 계약서의 효력 등이며 이에 대해서 꼼꼼히 검토하셔서 법률적인 문제는 없는지 수익성은 보장되는 지 등을 먼저 확인해 보시고 나서 동업여부를 결정하시기 바랍니다. 특히 각종 계약서의 효력은 향후 동업자들 사이에서 분쟁이 발생했을 때 매우 중요한 근거가 되므로, 사전에 반드시 변호사로부터 법률적 조언을 받으실 것을 강하게 권해드립니다.

Q24
네트워크 병원에 대하여

> 서울 모 대학병원에서 근무 중인 전공의입니다. 내년이면 수련과정을 마치고 개업을 해야 하는데요. 요즘 'OO 네트워크 병원', 'OO 네트워크 피부과' 등으로 개업하는 경우를 주위에서 많이 봅니다. 이런 병원들을 '네트워크 병원'이라고 하던데요. 보통 병원과 어떤 점이 다른가요?

A24 '네트워크 병원'은 법률이나 관계부처에 의해 공식화된 병원 형태는 아닙니다. 하지만 최근 우리나라에서 급속도로 증가하는 개원의 한 형태임은 분명합니다. 서로 다른 지역에서 같은 상호를 사용하며 차별화된 진료법, 홍보마케팅, 전문인력 등을 공유하는 형태의 병/의원들을 일반적으로 '네트워크 병원'이라고 합니다. '네트워크'란 말에서 알 수 있듯이 같은 상호를 사용하는 병/의원들 간의 긴밀한 유대와 결속을 특징으로 하고 있습니다.

'네트워크 병원'도 그 구성원들의 결속의 정도와 방법에 따라 다음과 같이 몇 가지 형태로 구분할 수 있습니다.

① 단순 상호(商號)공유형 네트워크 병원

'강남 피카소 피부과', '강북 피카소 피부과', '부산 피카소 피부과'처럼 '피카소 피부과'라는 상호를 공동으로 사용하고, 로고와 서비스표도 통일된 형태로 사용하는 형태입니다. 단순히 상호와 서비스표를 공유하는 것 외에 각 병/의원의 운영은 전적으로 해당 병/의원 원장님들이 자유롭게 하는 형태입니다. 가장 초기형 네트워크 병원이라고 보시면 됩니다. 상호에 대해서는 지역이 다를 경우 권리가 인정되지 않고, 서비스표의 경우 공동등록 하거나 단순 사용허락을 받아 사용할 수 있으므로 간단한 서비스표 사용계약만으로 네트워크를 형성할 수 있습니다. 본점과 분점의 구별이 모호하거나 아예 없을 수도 있는 가장 느슨한 형태의 네트워크 병원입니다.

② 프랜차이즈형 네트워크 병원

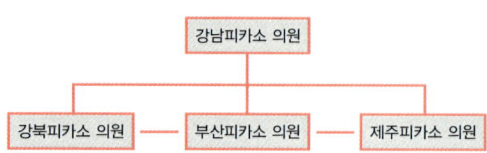

프랜차이즈형 네트워크병원은 상호와 서비스표를 공유하는 데서 더 나아가 프랜차이즈만의 특별한 진료기술이나 진료철학, 마케팅 방법 등을 여러 병/의원들이 공유하는 네트워크 병원입니다. 보통 특별한 진료기술이나 마케팅 기법으로 유명해진 병/의원을 중심으로 하여 다른 병/의원들이 해당 네트워크에 가입하는 형식으로 구성됩니다.

'단순 상호공유형'과 달리 본점과 분점의 개념이 있고, 본점은 분점에 대하여 진료기술 제공, 마케팅에 대한 책임, 상호와 서비스표의 사용허락을 하게 되고, 분점은 본점의 진료철학을 준수하며 본점이 제공하는 서비스에 대한 이용료를 부담하게 됩니다. 현재 가장 보편적인 형태의 네트워크 병원이라고 판단됩니다.

③ MSO형 네트워크 병원

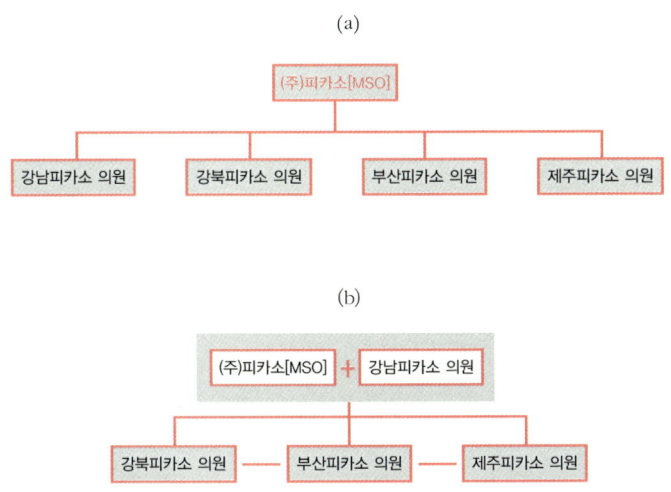

여러 개의 병/의원이 공동으로 MSO를 설립하여, 해당 MSO를 통해 상호와 서비스표를 공유하고, 마케팅, 전문인력채용, 의료장비이용 등을 공동으로 하는 형태입니다. 'MSO형 네트워크 병원'은 여러 개의 병/의원이 공동으로 설립할 수도 있고((a)), 본점을 중심으로 하여 프랜차이즈 형식으로 운영될 수도 있습니다((b)). 프랜차이즈형 네트워크 병원과는 달리, 대외적으로 진료 이외의 업무를 대행해주는 회사(MSO)가 있다는 점에서 차이가 납니다. 현재 프랜차이즈형 네트워크 병원들이 점점 MSO형 네트워크 병원으로 변화하는 추세에 있습니다.

④ 기업형 네트워크 병원

기업형 네트워크 병원은 '여러 명의 의사가 공동출자하여 여러 개의 병/의원을 공동 경영하는 형태'와 '형식적으로는 여러 명의 원장님이 있지만 사실상 한 명의 오너원장이 전부 출자하여 여러 개의 병/의원을 운영하는 형태' 등이 있습니다.

2012년 8월 2일 개정된 의료법 제33조 제8항은 "의료인은 어떠한 명목으로도 둘 이상의 의료기관을 개설·운영할 수 없다"고 명시하여, '1의료인 1의료기관 정책'을 명문화하였습니다. 따라서 위와 같은 '기업형 네트워크'는 명백한 불법 의료기관에 해당합니다. 향후 '네트워크 병원'에 대한 법률이 정비될 경우, '기업형 네트워크 병원'에 대한 명시적인 금지 규정이 포함될 것으로 예상됩니다.

문의하신 원장님처럼, 네트워크 병원에 대하여 궁금해 하시는 분들이 많이 있습니다. 그런데 현행 의료법에는 의료기관을 '의원', '조산원', '병원/전문병원', '종합병원/상급종합병원'으로 구분하고 있으며, 별도로 '네트워크 병원'을 규정하고 있지는 않습니다. 따라서 네트워크 병원을 구성하는 각 병/의원들도 일반적인 의료기관(의원 또는 병원)의 설립·운영과 동일합니다. 단, 네트워크 병원은 의사 아닌 자의 의료기관 설립을 용도로 악용되거나, 1의료인 1의료기관 정책의 편법으로 운영되는 경우가 있으므로 이를 조심하셔야 합니다. 또한 '의료광고심의위원회'의 '의료광고심의기준'에 따르면, '네트워크 병원'에 진료과목을 포함시켜 광고하는 것과 본점과 분점을 구분하여 광고하는 것을 금하고 있으므로 이 점도 유의하셔야 합니다. 더불어, 의료기기를 리스할 경우, 리스장비 이용장소를 한군데로 지정하는 것이 일반적이므로, 네트워크 병원 간에 리스장비를 공동 이용하고자 할 경우에는 리스회사와 별도의 특약을 반드시 체결하셔야 분쟁을 예방하실 수 있습니다.

네트워크 병원은 의사들 간의 동업 및 진료철학의 공유 그리고 효율적인 마케팅을 통한 새로운 수익모델로 생각하시고, 기존의 의료법만 준수하신다면 향후 의료시장에서 경쟁력 있는 병·의원 개원 모델이 될 수 있을 것이라고 판단됩니다.

Q25
메디컬 빌딩에 대하여

> 서울 목동에서 새로 신축한 메디컬 빌딩에 입주하려고 합니다. 메디컬 빌딩과 관련하여 주의할 점은 없을까요?

A25 병/의원에 대한 매매, 분양, 임대 등을 목적으로 세워진 건물을 '메디컬 빌딩'이라고 합니다.[18] 보통 메디컬 빌딩은, 건축물 용도허가[19]를 비롯해 병/의원 시설에 필수적인 배수장치, 비상전원설비 등 필수시설을 구비하고, 의료관련 업체를 입주시켜서 병/의원들의 입주에 유리하도록 건축되는 것이 일반적입니다. 하나의 건물 안에 내과, 피부과, 성형외과, 안과, 그리고 약국 등이 집약적인 형태로 입주함으로써 환자의 편의를 도모하고 입주한 병/의원들 간

---

[18] '메디컬 빌딩'이라고 해서 건축법상 별도의 규정이 있지는 않습니다.
[19] 건축법상 '의원급 의료기관'은 입주하는 건축물의 용도가 '1종 근린생활시설'로 용도허가 받은 경우로 제한되며, '병원급 의료기관'은 '의료시설'로 용도허가를 받은 경우로 제한됩니다.

의 협진이 가능한 장점이 있습니다. 건축업자가 관련법규를 준수하여 건축물을 시공한 후, 병/의원을 중심으로 매매, 분양하는 것은 법률적으로 전혀 문제될 사항이 아닙니다. 따라서 일반 건물에 비해 메디컬 빌딩이라고 해서 개원에 특별히 달라지는 점은 없습니다. 다만, 최근 메디컬 빌딩의 입지적 장점을 이유로 일반 건물에 비해 분양가나 임대료가 비싼 경우가 많으므로 사전에 수익성에 대한 충분한 고려가 필요할 것으로 생각됩니다.

한편, 최근에 여러 명의 의사들이 서로 돈을 내어 건물을 신축하거나 기존 건물을 구매한 후, 메디컬 빌딩을 만들어 그 안에서 각자 병/의원을 설립하는 형태의 동업이 주목받고 있습니다. 이런 메디컬 빌딩형 동업에서는 몇 가지 주의할 점이 있습니다.

① '1의료인 1의료기관 정책'을 철저히 준수해야 합니다. 한 건물에 대해서 원장님들끼리 각자 병/의원을 구분소유 하는 형태로 나누고 그에 따라 등기할 경우에는 큰 문제가 없습니다. 그러나 메디컬 빌딩이라고 하여 모든 시설에 병/의원을 유치할 수는 없으므로, 동업하는 원장님들이 공동으로 소유권등기를 할 가능성이 높습니다. 그런데 이처럼 건물을 의사들의 공동소유로할 경우에는 '여러 명의 의사가 여러 개의 병/의원을 개설'하는 형태가 되어 의료법 제33조 제

8항[20] 위반이 될 소지가 있습니다(원장님들이 주식회사를 설립하여 주주로 투자를 하고 건물을 신축한 후 주주인 원장님들에게 각 병/의원을 임대하는 형태로 설립하는 것은 가능합니다. 이 경우 아래의 ②와 같은 약간의 문제점이 생길 수 있으므로 사전에 충분한 법률검토가 필요합니다).

② 또한, 건물을 공동소유하고 유지하기 위해 전문관리회사에 위탁하여 경영하거나, 별도의 관리회사를 설립할 경우에는 각 병/의원의 원장님들이 '의료기관개설을 위한 임대차계약서'를 별도로 작성해야 하는 경우가 생길 수 있습니다. 이 경우 위 임대차계약서는 결국 실제 건물의 소유주가 임차인이 되는 형태가 되어, 그 임대차계약서의 법률적 효력에 대해 다툼이 생길 수 있으며, 각종 세금 계산에 있어서도 불이익이 발생할 수 있습니다.

③ 건물의 공동소유, 소유권 등기, 건물관리회사의 설립(또는 위탁), 임대차계약작성 등 메디컬 빌딩형의 동업은 다른 동업형태에 비해 조금 더 복잡한 계약구조를 가지고 있습니다. 따라서 기존 동업자 중 일부 변경이나 동업의 해지 시 다른 동업에 비해 그 절차가 훨씬 더 복잡해집니다.

---

20 의료법 제33조 제8항 "의료인은 어떠한 명목으로도 둘 이상의 의료기관을 개설·운영 할 수 없다."

메디컬 빌딩형 동업은 의사들 간의 새로운 동업으로 주목받고 있으며, 많은 장점이 있는 것도 사실입니다. 그러나 위에서 언급한 것처럼 특별히 유의해야 할 점도 있으므로, 메디컬 빌딩형의 동업을 준비하시는 원장님들께서는 사전에 변호사, 세무사 등과 충분히 협의하시고, 관련 계약서들의 효력에 대해서 꼼꼼히 검토하실 것을 권해 드립니다.

Q26 별산제 동업과 공산제 동업

> 선배가 운영하던 병원에서 독립해서 처음으로 내 병원을 가질 꿈에 부푼 피부과 의사입니다. 설렘과 조금의 두려움이 함께해요. 아무래도 첫 개업이니 만큼 위험부담이 있을 것 같아서 대학동기(성형외과 전문의)와 함께 동업을 할까 생각중입니다. 둘이서 반반씩 돈을 내어 하나의 병원을 설립해서 각각 피부과와 성형외과를 운영하려 합니다. 근데 병원 수익금 분배를 어떻게 해야 하는지 몰라 궁금합니다.

A26 하나의 병/의원을 둘 이상의 의사가 함께 개업하는 것은 가장 보편적인 개업형태이며, 법적으로 별다른 문제는 없습니다. 이런 동업형태는 수익금 분배방식에 따라 '별산제 동업'과 '공산제 동업' 형식으로 나눌 수 있습니다.

① '별산제 동업'이란, 하나의 병/의원에 둘 이상의 의사가 지분을

출자 한 후, 병/의원을 공동운영하며 총 매출에서 총 비용을 뺀 후, 각자의 진료 실적(총 수익에서 차지하는 비율)에 따라 수익을 나누는 방식입니다. 쉽게 말해 비용만 공동으로 처리하고 각자가 진료한 만큼 가져가는 방식입니다.

② '공산제 동업'이란, 하나의 병/의원에 둘 이상의 의사가 지분을 출자한 후, 병/의원을 공동 운영하며 총 매출에서 총 비용을 뺀 실제 소득을 각자의 출자지분만큼 나누어 가지는 것입니다. 병/의원의 매출에서 각 의사가 공헌한 부분을 평가하기 어려운 경우가 많고, 진료만으로도 바쁜 병/의원 운영에서 매월 진료실적을 나누기 어렵거나 진료실적에 대해 의사들 사이에 의견마찰이 생길 것을 사전에 방지하고자 하는 경우에 이 방식을 택할 수 있습니다. 쉽게 말해 서로 믿고 열심히 같이 일하고 출자지분만큼 평등하게 나누어 가지는 방식입니다.

보통, 같은 진료과목의사들끼리는 공산제를 선호하고, 진료과목이 서로 다를 때는 별산제를 선호하는 경향이 있긴 하지만 반드시 그렇게 해야 하는 것은 아닙니다. 동업을 하시는 분들의 친분관계나 성향에 따라서 적절한 방식을 택하시면 됩니다.

또한, 공산제와 별산제를 조금씩 섞어서 나름대로 수익배분방식을 정하셔도 됩니다. 즉, 매월 총 매출 일정액까지는 공산제로 하고, 매출이 그 이상을 넘어서는 부분에 대해서는 별산제를 택하는 등 다양한 방식이 가능합니다. 단, 이때 주의하실 것이 두 가지 있습니다. 첫째는 수익배분방식을 너무 복잡하게 할 경우 그 자체만으로 동업 시작 후 갈등의 요소가 되는 경우가 많습니다. 따라서 수익배분방식은 가능한 단순하게 하시고 애매한 부분이 없도록 명확한 용어로 계약서를 미리 작성해 두셔야 합니다. 둘째는 동업계약서 작성 시, 수익배분 이외에 각종 의료장비 리스시설 및 임대료 등 비용에 대한 분담과 동업해지 시 그에 대한 책임을 명확히 해 두셔야 합니다. 보통 동업을 해지할 때의 책임은 그 출자지분에 의해서 결정되는 것으로 생각하기 쉽습니다. 그러나 출자지분보다 더욱 중요한 것은 동업시작 때 맺은 계약서에서 리스시설 등 비용에 대한 책임분담의 약정입니다. 따라서 동업을 시작할 때 수익분배 못지않게 비용분담[21]을 어떻게 할지에 대하여 계약서에 이를 확실히 해 두시는 것이 좋습니다.

　문의하신 원장님의 경우, 같이 개업하시는 친구 분과 공산제 방식과 별산제 방식 또는 이 둘을 적절히 혼용하는 방식을 택하셔서 사전에 계약서로 이를 명확히 해두시면 됩니다. 또한, 처음 개업하시는 것이니 만큼 시행착오가 있을 수 있습니다. 따라서 계약서를 작성하시면서 6개월 정도 공동 운영해 보고 수익배분방식을 다시 재논의한다는 조항을 추가하실 것을 권해드립니

21　매월 들어가는 운영비용을 말하는 것이 아니라, 동업시작 시 리스시설계약, 임대차계약 등의 초기 투자비용을 말합니다.

다. 그리고 문의하신 원장님과 친구 분의 진료과목이 다른 만큼, 의원의 명칭에 진료과목을 두 개를 명시하셔야 할 텐데, 그 때는 반드시 보건소에 '공동개설자'로 등록하시고, 전문과목을 두 개 모두 등록하셔야 합니다. 이런 점만 주의하신다면 좋은 시작을 하실 수 있을 것이라 판단합니다.

Q27 동업을 시작할 때 반드시 확인해야 할 사항

> 동업에 대한 설명 감사합니다. 동업의 종류가 다양한 점과 주의할 점 등에 대해서 많은 도움이 되었습니다. 그런데 동업할 때 꼭 확인해야 할 점들에 대해서 다시 한 번 정리해 주신다면 더욱 도움이 될 것 같습니다.

A27 이번 장에서는 주로 동업에 대하여 설명했습니다. 여기서는 마지막으로 동업을 시작할 때 주의해야 할 점들에 대해서 다시 설명하겠습니다.

① 의료법 제33조 제2항과 제8항 위반 여부의 확인

의료법 제33조 제2항은 '의사 아닌 자의 의료기관 설립을 금지'하는 규정이며, 동조 제8항은 '1의료인 1의료기관 원칙'에 대한 규정입니다. 어떤 형태의 동업이든지 가장 먼저 판단하셔야 할 점은 그 동업형태가 이 두 조항에 위반되는지 여부입니다. 최근 우리 사회에서 지속적으로 새로운 형태의 동업구조가 생겨나고 있으나, 법률이 이런 시장의 변화에 맞추어 제때 개정되거나 제정되는 아닙니다. 현행 법률이 규정하지 않고 있다고 해서 항상 합법적인 것은 아니며, 그 반대로 법률에 규정되어 있지 않다고 해서 무조건 불법적인 것도 아닙니다.

따라서 동업을 시작하실 때는 '동업의 투자-운영-수익분배' 등에 대하여 보건복지부를 통해 사전에 의료법 위반 여부를 문의해 보신 후 결정하실 것을 권해드립니다.

② 동업계약서의 작성

'동업계약서'의 작성은 아무리 강조해도 지나치지 않습니다. 어떤 동업이든 영원히 지속될 수는 없습니다. 그리고 동업 중에도 새로운 참여자나 중간에 나가는 사람은 항상 발생할 수 있습니다. 따라서 동업을 시작하기 전에 '동업 투자-운영-수익분배방식' 등에 대해서 명확하게 동업계약서를 작성하실 것을 권해드립니다.

동업계약서에는 애매한 용어를 피하시고 명확한 용어를 사용하여야 하며, 가능한 쉽고 자세하게 작성하셔야 합니다. 또한, '투자-운영-수익분배방식' 외에도 '동업자산의 소유관계, 임대차계약의 주체, 리스시설의 책임'등에 대하여도 명시하셔야 합니다. 그리고 무엇보다 중요한 것은 반드시 (다시 한 번 강조합니다. 반드시!) 동업이 해지될 경우 자산의 배분과 부채의 책임 등에 대하여 정리가 되어있어야 합니다. 동업으로 인한 법적분쟁은 대부분 동업 해지 시 자산의 배분과 부채의 책임문제에서 발생하는 만큼 이를 빠뜨린 동업계약서는 그 의미가 없다고 할 만큼 중요한 부분입니다. (동업이 잘 될 때에는 아무도 동업계약서를 들추어 보지 않습니다. 동업시작 후에 동업계약서를 꺼내게 되는 상황은 대부분 동업상황이 악화되었을 때라는 점을 다시 강조합니다.)

③ 형식적인 계약서의 작성

동업을 할 때는 형식적인 계약서를 만들지 않은 것이 좋습니다. 형식적인 계약서란, 실제 그 계약서에 나온 효력을 원해서 만든 것이 아니고, 다른 목적으로 만들어진 계약서를 말합니다. (예를 들어, 동업자들끼리 MSO를 설립하여 건물을 임대한 후, 내부 관계에서 각자의 병/의원이 MSO와 다시 전대차계약서를 작성하는 경우를 들 수 있습니다. 이때 전대차계약서는 병/의원 설립 절차상 필요에 의해 형식적으로 만든 것이지 실제 MSO에 전차료를 지급할 의사로 만들어진 것은 아닙니다. 이 경우 전대차계약서는 형식적인 계약서가 됩니다.) 주의하실 것은, 형식적인 계약서는 동업자들 사이에서는 그 효력이 없다고 주장할 수 있으나, 그것이 형식적인 계약서인 줄 모르는 제3자에게는 계약서의 효력이 없다고 주장할 수 없습니다.

따라서 형식적인 계약서를 만드는 것은 결코 권해드리지 않습니다. 다만, 불가피하게 형식적인 계약서를 만들었다면, 이 계약서가 형식적인 것이며 동업자들 사이에서는 효력이 없다는 것을 입증할 수 있는 별도의 계약서도 함께 작성하시는 것이 좋습니다.

⑤ 임대차와 리스시설 등의 계약

동업을 시작할 때, 가장 큰 돈이 들어가는 부분은 임대차계약과 인테리어, 그리고 각종의료장비의 구입/리스 등입니다. 이런 부분은 동업자들 중에서 한 두 사람이 책임을 지거나 각자 나누어서 분담하는 경우가 많은데, 조금 번거롭더라도 동업자 전원이 함께 하시는 것이 좋습니다. 서로 믿고 맡기는 것도 좋지만, 큰 비용이 소요되는 부분이고 동업해지 시 문제가 발생하기 쉬운 부분이므로 동업자 전원이 함께 결정하시고 계약의 당사자로 참여하시는 것이 바람직합니다.

⑥ 동업해지 계약서의 작성

동업이 해지될 경우, 동업을 시작할 때와 마찬가지로 '동업해지 계약서'를 작성하실 것을 권해드립니다. 동업 해지 시에는 '기존 자산의 배분과 부채의 책임, 그리고 기존 계약의 인수'와 같은 문제가 발생할 수 있습니다. 이런 문제는 '동업계약서'에 우선 명시되어 있어야 하는 것들이지만, 동업해지 시에는 시작할 때 미처 예상하지 못했던 다양한 변수들이 발생할 수 있으므로 반드시 별도로 '동업해지 계약서'를 작성하시는 것이 불필요한 분쟁을 예방할 수 있습니다.

⑦ 끝으로, 동업을 할 때는 각종 계약서의 효력과 예상되는 문제점 등에 대하여 변호사 등 법률전문가로부터 사전에 검토를 받으실 것을 권해드립니다. 우리 몸도 치료보다 예방이 중요하듯이 법률적인

문제도 사전에 예방하는 것이 중요합니다. 특히, 비법률전문가가 작성한 계약서는 용어가 애매하여 다툼의 여지가 있거나, 법률적으로 효력이 없는 경우가 있을 수 있습니다. 또한, 리스회사나 부동산회사 등 기업체와 맺는 각종 계약에는 보통 '약관'이 포함되어 있는데, 이 약관은 작은 글씨로 많은 내용을 담고 있어서 이에 대하여는 법률전문가로부터 그 약관이 담고 있는 내용에 대하여 자세한 설명을 들으시는 것이 좋습니다.

멋진 분들과 더욱 멋진 동업으로 크게 성공하시길 기원합니다.

의료법과 의료분쟁

IV장에서는, 의료법과 의료분쟁에 관한 내용을 정리했습니다. 각종 행정처분(의사면허 자격정지/의료업정지), 행정처분에 대한 이의절차와 대처법, 의료분쟁에 대한 합리적인 대처법 그리고 추상장해에 대하여 다루었습니다.

개원의들을 위한 **법/률/ 컨/설/팅**

Q28
'의사면허 자격정지 처분'에 대하여

> 신림동에서 산부인과 의원을 개업 중인 개원의입니다. 3개월쯤 전에 이웃마을에서 개원한 친구가 부득이한 사정으로 의원을 며칠 쉬게 되어서 제가 대신 친구의 의원에서 일주일가량 진료를 했습니다. 그런데 며칠 전 저에게 의료법 위반이라며 '의사면허 자격정지 3개월'이란 통지가 왔습니다.

A28 의료법 제66조(자격정지 등)는 의사면허 자격정지에 관하여 규정하고 있습니다. 이 조문에서는 '의료기관개설자가 될 수 없는 자에게 고용되어 의료행위를 한 경우(동조 제1항 제2호)', '진단서를 거짓으로 발급한 경우(동조 제1항 제3호)', '의료기사의 자격증이 없는 자에게 의료기사의 일을 하게 한 경우(동조 제1항 제6호)'처럼 의사면허 자격이 정지되는 구체적인 위반사항을 적시하고 있습니다. 또한, 동조 제1항 제1호는 '의료인의 품위를 심하게 손상시키는 행위를 한 때', 동조 제1항 제10호는 '그 밖에 이 법 또는 이 법에 따른 명령을 위반

한 때'라고 하여 의사면허 자격정지에 관하여 비교적 포괄적으로 규정하고 있습니다.

보통 의료법 제66조 제1항의 위반사항이 발견되면, 관련기관(보건소, 경찰서)은 해당 위반사항에 대하여, 경찰이나 검찰에 고발조치하고 그와 동시에 보건복지부에 위반사항을 신고하게 됩니다. 그리고 검찰의 수사와 법원의 재판을 통해 유죄가 확정되면, 그에 따른 형사처벌(통상 벌금형이 나옵니다)을 받게 되고, 형사처벌과 별도로 보건복지부로부터 일정기간 의사면허 자격정지처분을 받게 됩니다.

만일, 검찰로부터 무혐의처분을 받게 되면 보건복지부의 의사면허 자격정지 처분도 이유가 없어 취소되며, 검찰로부터 기소유예처분을 받게 되면, 보건복지부로부터 처음 통지(자격정지처분에 대한 예고 통지) 받은 기간의 2분의 1 범위 내에서 최대 3개월까지 감경 처분되며, 법원으로부터 선고유예처분을 받게 되면, 보건복지부로부터 처음 통지받은 기간의 3분의 1 범위 내에서 최대 2개월까지 처분이 감경될 수 있습니다('의료관계 행정처분 규칙' 제4조에 따른 '행정처분기준' 참조).[22]

---

[22] '의료행위 중 알게 된 비밀을 타인에게 누설(의료법 제19조 위반)하여 선고유예를 받은 경우'처럼 의료관계 행정처분 규칙 제4조에 따른 '행정처분기준'의 각 기준상에 '기소유예나 선고유예를 받았을 경우의 처분기준이 명시된 경우'는 해당 기준에 따르며 추가적인 감경은 없습니다. 자세한 것은 '의교관계 행정처분 규칙'에 별첨된 '행정처분기준'을 참조하시기 바랍니다.

의사면허 자격정지 처분이 최종적으로 확정되었을 경우, 3개월 이하의 기간 동안은 대진의를 통해 의원영업을 유지할 수 있습니다(의료법 시행규칙 제30조 제3항의 해석에 따름-이 점이 '의료업정지 처분' 과의 차이점입니다). 따라서 의사면허 자격정지 처분이 3개월 이하라면 원장님의 선택에 따라, 의원을 휴업하고 잠시 쉬셔도 되고, 아니면 대진의를 통해 대신 진료와 의원운영을 맡기셔도 됩니다.

주의할 점은 대진의는 어떠한 경우도 3개월을 넘을 수 없으므로, 자격정지 기간이 3개월을 초과한 경우에는, 반드시 3개월 후 의원휴업신고를 하여야 하며, 대진의를 두지 않는다면 3개월 미만의 기간이라도 반드시 의원휴업신고를 하셔야 합니다.

문의하신 원장님께서는 의료법 제33조 제1항 위반사항으로 보이며, 원장님께서 받으신 통지가 처음이라면 보건복지부로부터의 예고통지로 보입니다. 이 경우 우선 원장님의 의료법 위반사항에 대한 검찰과 법원의 판단을 기다리신 다음, 최종적으로 3개월 이하의 자격정지처분이 확정되면, 그 기간 동안 의원휴업신고를 하시거나, 아니면 원장님 대신 진료를 하실 대진의에게 그 기간 동안 의원운영을 맡기시면 됩니다. 주의하실 점은, 대진의가 의원운영을 대신하는 기간(자격정지기간)동안은 절대 원장님께서 진료하셔서는 안 됩니다. 또한, 타 의원의 개설의는 어떠한 경우도 다른 병원의 대진의가 될 수 없음도 유의하셔야 합니다.

Q29 의료업정지 처분에 대하여

올 8월에 의원개설신고절차를 마치고 개원 예정이었습니다. 그런데 갑작스럽게 부모님 건강이 악화되어 부모님 병간호를 하느라 11월까지 개원을 하지 못하고 있었습니다. 그런데 갑자기 보건복지부에서 '의료업정지 6개월'이란 행정처분을 받게 되었습니다. 왜 이런 처분이 내려진 건가요?

A29 의료법 제64조(개설허가 취소 등)는 의료업 정지 또는 개설허가 취소등에 대하여 규정하고 있습니다. '개설신고나 개설허가를 한 날로부터 정당한 사유없이 3개월 이상 업무를 시작하지 아니한 때(동조 제1항 제1호)', '무자격자에게 의료행위를 하게한 때(동조 제1항 제2호)' 등의 경우가 이에 해당합니다. '의사면허 자격정지 처분'이 비교적 포괄적으로 규정되어 있는 반면, '의료업정지 처분'은 비교적 제한적이고 구체적으로 그 대상을 규정하고 있습니다.

의료업정지 처분은 1년의 범위 이내에서 가능하며, 의사면허 자격정지 처분과 마찬가지로 의료법 위반으로 인한 형사처벌의 수위에 따라 예고처분에서 일정기간 감경될 수 있습니다(기소유예의 경우 예고처분의 2분의 1 범위 내에서 최대 3개월까지, 선고유예의 경우 예고처분의 3분의 1 범위 내에서 최대 2개월까지).

단, 의료업정지 처분기간 동안 대진의를 통해 의원운영을 하는 것은 금지되어 있으며, 의원운영을 완전히 폐쇄하여야 한다는 점이 의사면허 자격정지 처분과 다른 점입니다. 또한, 의료업정지 처분을 받은 의원의 개설의는 그 기간 동안 다른 의원에서 대진의나 봉직의로도 일할 수 없으며 일체의 의료행위를 해서는 안 됩니다(해당 의원의 단순 봉직의의 경우는 다른 의원에서 진료를 계속하셔도 무방합니다).

이처럼, 의료업정지 처분은 의사면허 자격정지 처분에 비해 다소 무거운 처분이라 볼 수 있으며, 해당기간 동안 의원운영은 물론 원장님의 의료행위 자체가 금지되므로 원장님들의 가정경제가 어려워질 우려가 있습니다. 그래서 의료업정지 처분에는 특별히 '과징금 처분'[23]이라는 규정이 있습니다.

의료법 제67조(과징금 처분)에 따라, 의료업정지 처분을 받은 경우, 보건소나 보건복지부에 문의하여 의료업정지 처분 대신 '과징금 처분'

---

[23] 행정청이 행정의무를 위반한 사람에게 부과하는 금전적 제재(행정처분의 일종).

을 받을 수 있습니다. 통상 과징금은 전년도 의원 수입을 기준으로 정해지며 세무서로부터 전년도 매출관련서류를 발급받아서 보건소에 제출하면 보건소에서 이를 토대로 과징금을 산정합니다.[24] 과징금은 5천만 원을 초과하지 않으며, 합산하여 최대 3회까지만 처분이 가능합니다. 따라서 해당 의원이 의료업정지 처분을 3회 이상 받게 되면 그 이후로는 과징금 처분이 불가능합니다(의료법 제67조 제1항).

따라서 의료업정지 처분이 내려질 경우, 해당 위반사항에 대한 형사적 대응과 더불어, 의원을 잠시 휴업할지 아니면, 과징금을 내고 의원을 계속 운영할지에 대하여 판단하실 필요가 있습니다.

한편, 과징금 처분은 의료업정지 처분에만 가능하며, 규정이 없는 관계로 의사면허 자격정지 처분의 경우에는 과징금 처분이 불가능함에 유의하셔야 합니다.

문의하신 원장님의 경우, 부모님의 병간호라는 불가피한 사유가 있었던 것으로 보입니다. 이 경우는 의료법 제64조 제1항에서 말하는 '정당한 사유'로 인정될 가능성이 높아 보입니다. 우선 행정처분을 내린 보건복지부에 관련 서류(부모님의 진단서, 입원확인서, 병간호가 불가피했던 상황에 대한 설명서 등)를 제출하셔서 해명하실 것을 권해드립니다. 원장님의 해명이 이유 있

---

[24] 통상, 과징금은 해당 정지 기간 동안의 예상매출과 비슷하거나 조금 낮은 수준으로 책정됩니다.

다고 받아들여지면 원장님에게 내려진 행정처분은 취소될 수 있습니다. 만일 해명에도 불구하고 의료업정지 처분이 유지될 경우에는 행정심판이나 행정소송을 통해 원장님의 불가피한 상황에 대하여 '정당한 사유'를 다투실 것을 권해드립니다. 행정심판이나 행정소송에서 '정당한 사유'가 인정될 경우, 원장님에게 내려진 행정처분은 이유가 없어 취소되게 됩니다.

Q30
행정처분에 대한 이의절차

행정처분(의사면허 자격정지 처분, 의료업정지 처분)이 부과된 경우 어떻게 대처해야 하나요?

A30 행정처분에 대한 이의 절차는 다음 표와 같습니다.

<표 : 행정처분에 대한 이의절차>

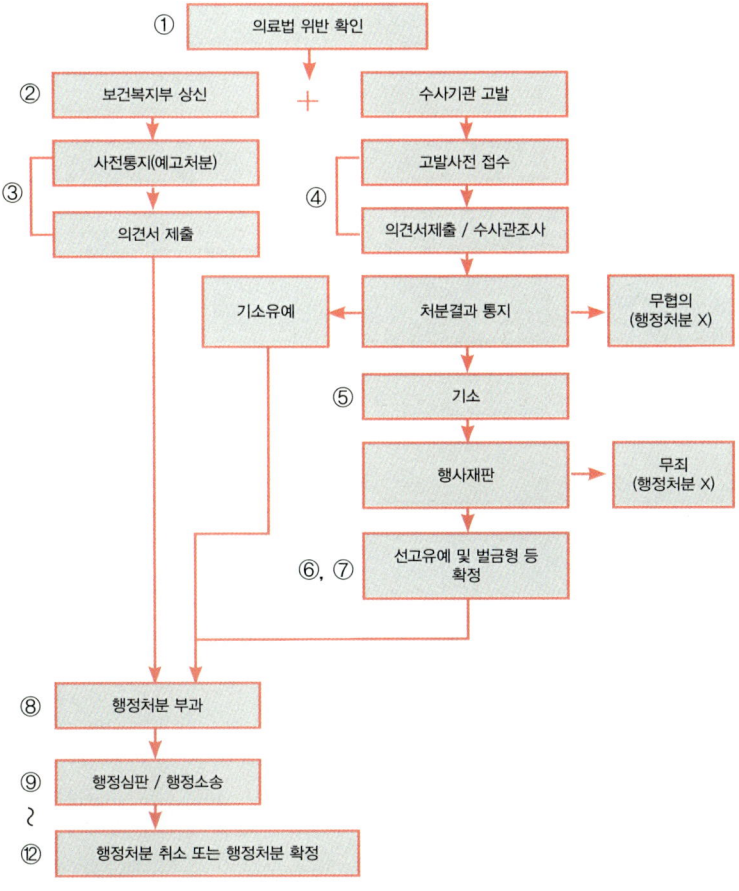

위의 〈표〉에서 보듯이, 의료법 위반사항이 적발되었다고 해서 바로 행정처분이 부과되고 자격정지나 의료업정지가 시작되는 것은 아닙니다. 아래와 같은 절차를 통해 행정처분이 확정되며, 이 과정에서 원장님들이 행정처분을 다툴 수 있는 다양한 절차가 마련되어 있습니다.

① 의료법 위반 사항이 의심되면, 보건소 관계자 등이 의원에 방문하여 진료기록부 등의 자료를 검사하고 의원관계자로부터 진술을 받는 등 위반사항에 대한 검사를 진행합니다. 이때 보건소 관계자 등의 검사를 방해할 경우 의료법 제64조 제1항 제3호에 따라 의료업정지나 개설허가 취소 등의 처분을 받을 수도 있으므로 보건소 관계자의 검사에는 성실히 따라야 합니다.

② 보건소 관계자가 의원에 대한 검사결과 의료법 위반사항이 확인되면, '보건복지부'에 해당 위반사항과 처분의 정도를 상신하며, 동시에 '수사기관'에도 의료법 위반사항을 고발하게 됩니다.

③ '보건복지부'는 행정처분에 대한 상신을 받게 되면 이에 따른 '행정처분 사전통지 및 의견서 제출안내서'를 해당 의료기관이나 의사에게 통지하게 됩니다. 이를 받은 의료기관이나 의사는 사전통지 (예고처분)에 따라 자신에게 부과될 행정처분의 종류와 기간 등을 알 수 있으며, 의견서 제출안내서에 따라 의견서를 제출하시면 됩니다.

이때 보통 의견서에는 '현재 사법처리 절차를 진행 중이므로, 사법처리 결과가 나올 때까지 처분을 보류하여 주시기 바랍니다'라고 의견을 적고, 수사기관명과 사건번호 등을 적어서 제출하시면 됩니다. 이때 정부로부터 받은 훈장, 포장, 표창 등 수상내역을 함께 제출하시면 최종적으로 행정처분이 부과될 때 추가 감경사유가 될 수 있습니다.

사법처리 결과가 아직 진행 중이란 사유로 의견서를 제출하시게 되면, 사법처리 결과가 나올 때까지 행정처분이 보류됩니다. (아래 ④~⑦은 형사소송 절차입니다)

④ 의료법 위반에 대한 고발을 받은 수사기관에서는 해당 의료기관 관계자나 의사를 상대로 조사를 진행합니다. 경우에 따라 경위서를 제출하는 것으로 끝날 수도 있고, 직접 관계자를 불러 간단히 신문을 하는 경우도 있습니다. 조사가 끝나면 검찰청으로부터 '피의사건 처분결과 통지서'가 의료기관이나 의사에게 보내집니다. 만일, 피의사건 처분결과가 '무혐의'이거나 '기소유예처분'일 경우는 그 즉시 이를 보건복지부에 제출하시면 됩니다. '무혐의'의 경우는 행정처분이 부과되지 않고, '기소유예'의 경우는 사전통지에서 예고된 처분보다 감경되어 최종적인 행정처분이 부과됩니다.

⑤ 검찰청의 '피의사건 처분결과 통지서'에 "벌금형(약식기소)"으로 처

분되었을 경우는, 벌금을 내시거나 정식재판을 청구하시면 됩니다. 정식재판을 청구하더라도 처음 부과 받은 벌금형 보다 더 큰 처벌은 받지 않으니 안심하시고 정식재판을 청구하셔도 됩니다. 선고유예의 가능성도 있는 만큼 벌금형이 나올 경우 가능하면 정식재판을 청구하실 것을 권해드립니다.

⑥ 정식재판이 진행되어 최종적으로 '선고유예'가 나올 경우, 그 즉시 이를 보건복지부에 제출하시면, 사전통지에서 예고된 처분보다 감경된 최종적인 행정처분이 부과됩니다.

⑦ 정식재판 결과 벌금형 이상의 형이 확정되면, 그 즉시 이를 보건복지부에 제출하셔야 하며, 사전통지에서 예고된 바와 같은 행정처분이 부과됩니다(여기에서 형사소송절차가 마무리 되며 행정처분이 확정됩니다. 이제 이 행정처분을 가지고 ⑧번 이하의 행정심판/행정소송 절차를 진행하시면 됩니다).

⑧ 행정처분이 확정되고 나서, 별다른 이의가 없으면 그 내용대로 처분이 집행됩니다. 만일 행정처분이 너무 과하다 싶으면, 행정심판/행정소송 절차를 진행하실 수 있습니다.

⑨ 행정심판과 행정소송은 동시에 진행하셔도 되고, 행정심판이 끝난 후 행정소송을 진행하셔도 되며, 둘 중 하나만 진행하셔도 됩니다. 행정심판이나 행정소송 둘 중 어느 것이든 원장님께 유리한 결

과가 나오면 유리한 결과에 따라 행정처분이 변경됩니다. 만일, 원장님께서 가능한 행정처분을 늦게 받고 싶다고 하신다면, 행정심판을 먼저 청구하신 다음 그 결과를 가지고 다시 행정소송을 진행하신다면 행정처분의 결과를 최대한 늦출 수 있습니다.

주의

행정심판이나 행정소송을 진행한다고 하더라도, 위의 ④~⑦번 절차 결과 확정된 행정처분이 자동으로 연기되지는 않습니다. 따라서 행정심판이나 행정소송을 진행하실 때는 반드시 동시에 '행정처분집행정지신청'도 같이 진행하셔야 합니다.

⑩ 행정심판이나 행정소송의 결과에 따라 행정처분이 변경되기도 하고, 그대로 유지되기도 합니다. 행정심판이나, 행정소송을 진행하더라도 위 ④~⑦번에서 확정된 행정처분 보다 더 과하게 부과되는 불이익은 결코 없으니 안심하고 행정심판/소송 절차를 진행하시면 됩니다.

⑪ 행정소송은 행정처분에 대한 관련한 마지막 절차입니다. 따라서 행정소송이 모두 끝나고 나면, 행정처분에 대하여 더 이상 다툴 수 없습니다. 만일, 의료업정지 처분에 대하여 과징금 처분으로 전환하시려면, 행정소송이 끝나기 전에 보건복지부와 상의하셔야 합니다.

⑫ 최종적인 행정처분에 따라, 휴업을 하시거나, 대진의를 두고 진료하시는 등의 절차를 진행하시면 됩니다. 해당 절차는 이 책의 앞장을 참조하거나 해당 관할 보건소에 문의하시면 됩니다.

행정처분에 대한 이의절차에 따라 원장님이나 해당 의료기관에 대한 불이익은 전혀 없습니다. 따라서 부득이하게 행정처분을 받게 되신다면, 적극적으로 이의절차를 진행하셔서 최대한 처분을 가벼이 할 것을 권해드립니다.

주의

1. 구체적인 행정처분의 대상과 내용에 대해서는 간략히 해당 조문만 표시합니다. 국가법령정보센터(http://www.law.go.kr) 홈페이지에 방문하셔서 검색란에서 '의료법'을 검색하시면 의료법에 관한 자세한 조문을 확인할 수 있습니다.
[의사면허자격 정지처분]-의료법 제66조
[의료업 정지처분 또는 허가취소]-의료법 제64조

2. 위 의료법상 행정처분에 대한 구체적인 처분 기준은 위 국가법령정보센터 홈페이지에서 '의료관계 행정처분 규칙'을 검색하시면 「의료관계 행정처분 규칙」을 볼 수 있습니다. 위 규칙 제일 아래에 보면 '[별표]행정처분기준'이라는 첨부문서가 있습니다. 이 문서를 클릭하시면 정지기간 및 감경사유에 대하여 아주 구체적으로 설명되어 있습니다. 실제 행정처분은 이 처분 기준을 벗어나지 않고 그대로 부과하는 경우가 일반적입니다.

3. '행정처분집행정지신청'은 행정심판절차와 행정소송절차에서 모두 신청이 가능하며, 두 절차 중 하나라도 신청이 받아들여지면 집행이 정지됩니다. 행정심판 또는 행정소송을 진행하실 때는 반드시 행정처분집행정지신청도 같이 진행하셔야 하는 점을 강조합니다.

Q31 의료분쟁조정중재원

> 피부과를 운영 중인 개원의입니다. 간단한 레이저 시술을 하다 환자가 얼굴 손톱 크기의 2도 화상을 입었습니다. 며칠 치료하면 흉터도 남지 않고 아무런 후유증도 없는 가벼운 상처임에도 환자가 거액의 배상금을 요구하고 있습니다. 비록 저의 과실이 있지만, 환자가 요구하는 배상금이 너무 많고, '의료사고'에 대한 소송을 진행하자니 너무 부담스럽습니다. 어떻게 해야 하나요?

A31 흔히 병원이나 의원에서 치료받다 예기치 못한 부작용이 생겼을 경우, '의료사고'라는 말을 하곤 합니다. 그러나 '의료사고'란 의사의 과실과 책임을 전제로 하는 것이므로 적절한 표현이 아닙니다. '의료분쟁'이란 표현이 더 정확한 표현입니다.

보통, 의료분쟁이 발생할 경우, 의사입장에서는 정말 곤혹스럽습니다. 진료과정에서 환자와 쌓은 레포가 한순간에 무너지고 자신의 환자와 적이 되어 다툰다고 하는 것은 다른 문제에 앞서 정신적으로 너무 힘든 일임에 분명합니다. 따라서 의료분쟁 시 우선 환자와의 레포를 유지하면서 의사와 환자가 상호 합의하에 해결책(적절한 사후치료와 배상금 지불 등)을 찾아가는 것이 가장 바람직합니다. 그러나 경우에 따라서는 당사자 간에 화해나 합의가 어려울 수도 있습니다. 이때 보통 생각하는 방법이 소송을 통한 문제 해결인데요. 소송이란 비용도 많이 들고, 의사와 환자가 서로 적대적인 관계에서 일이 진행되므로 정신적으로도 피곤합니다. 그에 비해 소송의 결과는 의사나 환자 모두 만족스럽지 못한 경우도 종종 있습니다(변호사비용도 그 이유 중 하나가 될 수 있습니다).

이런 문제점을 해결하고자 2012년에 「의료사고 피해구제 및 의료분쟁 조정 등에 관한 법률」이 제정되었고, 이 법률에 따라 '의료분쟁조정중재원(http://www.k-medi.or.kr)'이 발족했습니다. 의료분쟁조정중재원은 의료분쟁이 생겼을 경우, 소송을 통하지 않고 중재원의 중재로 의사와 환자의 주장을 듣고 과실유무, 배상액 등에 대하여 조정을 해 주는 곳입니다. 필요하면 신체감정 등의 감정업무도 진행할 수 있습니다. 변호사 없이 의사와 환자가 직접 신청하고 진행할 수 있으며, 중재과정에서 비용도 거의 들지 않으므로 의료분쟁해결을 위한 훌륭한 대안이 되고 있습니다.

수술 후 신체에 중대한 장해가 남거나, 의사의 과실에 대하여 그 판단이 어려운 경우, 손해배상에 대하여 상호 이견이 심한 경우 등은 여전히 소송을 통한 해결만이 유일한 방법인 경우도 있습니다. 그러나 진료행위로 인한 상처가 경미하거나, 의사의 과실은 분명한데 손해배상액은 그리 크지 않은 경우 등 일반 소규모 의원급 의료기관에서 발생한 의료분쟁의 경우 소송보다는 의료분쟁조정중재원을 통하여 해결하는 것이 훨씬 더 좋은 결과를 얻는 경우가 많이 있습니다. 의료분쟁조정중재원은 법원의 소송과 그 절차는 유사하지만 의사나 환자가 합리적으로 중재안을 찾아가는 과정이라는 점에서 소송에 비해 당사자 간에 감정의 소모가 적다는 등 많은 장점도 있습니다. 원장님들이 환자와의 합의에 어려움을 겪으실 경우, 의료분쟁조정중재원의 존재와 기능에 대하여 자세히 설명하시고 환자와의 최소한의 레포를 유지하면서 중재원을 통해 합의점을 찾아보자고 제안하는 것이 의료분쟁에 대한 적절한 초기대응이 될 것이라고 판단합니다.

의료분쟁조정중재원에 대한 중재신청은 환자가 할 수도 있고, 의료기관 측에서 할 수도 있습니다. 만일 의료기관에서 중재신청을 하게 되면, 우선 의료분쟁조정중재원 홈페이지에서 의료기관이 사업자등록번호를 통해 인증을 받으신 후, 조정신청서와 사고경위서를 작성 하시면 됩니다. 중재원에서 위 조정신청서와 사고경위서를 받아 심사한 후 중재대상이 된다고 결정하면, 상대방(환자)에게 '조정참여의사를 물어보게 됩니다. 이때 상대방이 조정에 참여를 거절하게 되면 조정중재는 중단되며, 상대방이 조정 참여에 동의할 경우 조정중재절차가 진행됩니다.

문의하신 원장님의 경우, 환자 분과의 의견차가 심할 때는 환자 분과 다투지 마시고, '의료분쟁조정중재원'이란 곳을 환자 분에게 소개해 드리고, 여기는 소송을 통해 다투는 곳이 아니라 의사에게 어느 정도 과실이 있고 어느 정도 배상이 적절한지에 대하여 전문가들로부터 조언을 듣고 중재를 받는 곳이라고 설명한 후, 같이 중재원에 신청하셔서 문제를 해결해 보자고 제안하실 것을 권해드립니다.

Q32
의료분쟁소송 진행 절차에 대하여

진료하던 환자와 다툼이 있습니다. 1년 전 쯤 환자의 얼굴에 작은 흉터가 있어서 그 흉터를 제거하기 위한 진료를 하던 중 해당 부위에 추가적인 화상을 입게 되었습니다. 추가적인 치료를 해주며 환자와 원만하게 해결하고자 하였는데, 갑자기 환자가 저를 상대로 손해배상청구의 소를 제기해 왔습니다. 그런데 소장을 보니 원래 있었던 흉터에 대해서는 한마디도 없이 얼굴에 생긴 화상과 흉터 전부가 저의 진료 때문이라고 주장하는 것 같습니다. 어떻게 대응해야 하나요?

A32 의료분쟁은 환자(원고)가 손해배상청구 등의 소를 의사(피고)를 상대로 제기하는 경우가 일반적입니다. 보통 손해배상을 청구하는 원고는 피고의 고의나 과실, 자신의 손해, 피고의 고의/과실과 손해발생의 인과관계 등을 입증해야 합니다(손해를 주장하는 쪽에서 손해발생에 관한 내용을 입증하는 것이 우리 민법의 기본태도입니다). 그러면 피고는 반대로 자신의 고의나 과실이 없었다 또는 과실이 있었다고 하

더라도 원고가 입은 손해와 인과관계가 없었다고 주장하며 이를 입증해야 합니다.

그런데 의료분쟁의 경우는 원고(환자)가 의사의 과실을 입증한다는 것이 여간 어려운 일이 아닙니다. 그래서 의료분쟁의 경우 통상의 민사소송과 달리 환자가 수술이나 진료 전에 해당 증상이 없었는데, 수술/진료 후 그러한 증상(문제점)이 발생했고, 수술/진료와 해당 증상이 고도로 연관성이 있다고 보여질 경우(예를 들어, 수술 후 환자에게 생긴 부작용에 대하여 이를 발생시킬 다른 원인이 없다는 간접사실을 입증하는 경우)에는 반대로 의사에게 과실이 없음을 입증하도록 하고 있습니다. 이 경우 피고(의사)는 자신의 진료가 현재 통용되는 의료기술을 가지고 통상의 수술/진료법에 따라 이루어졌으며, 환자의 상태는 현재의 의료기술로 예측 불가능한 것이었다거나, 예측할 수 있는 것이었다면 이에 대하여 환자 측에게 충분히 설명하고 수술/진료 전에 이런 부작용에 대하여 동의를 구했다는 취지로 의사의 과실 없음을 주장하게 됩니다.

위에서 자세히 살펴보면 크게 두 가지가 문제가 된다는 것을 알 수 있습니다. 하나는 의사의 수술/진료가 환자상태에 대하여 적정하고 타당한 방법에 따라 이루어졌느냐하는 점이며, 다른 하나는 환자의 증상이 의사의 수술/진료의 결과로 나타난 것이냐 하는 점입니다.

첫째, 의사의 수술/진료가 적정하고 타당한 방법에 따라 이루어졌는가는 '진료기록부감정'을 통해 이루어집니다. 의사가 환자를 진료할 때 기록하게 되어있는 진료기록부를 법원에 제출하여 이를 법원이 지정한 객관적인 제3자인 종합병원에 의뢰하여 의사의 진료 적정성, 타당성, 과실유무 등을 검증하게 됩니다. (진료기록부는 기본적인 제출 자료에 불과하며, 의사가 직접 또는 환자의 요청에 따라, 수술기록지, 입원경과기록지, 방사선영상기록, 투약일지 등 환자진료와 관련하여 의료기관에 존재하는 일체의 기록은 모두 감정의 대상에 포함됩니다.) 따라서 의사입장에서는 자신의 무과실을 입증하기 위하여, 환자입장에서는 의사의 과실을 입증하기 위하여 '진료기록부감정'을 신청하게 됩니다.

둘째, 환자의 증상과 의사 수술/진료의 인과성, 및 환자 피해의 정도를 알아보기 위해서 '신체감정'을 하게 됩니다. 신체감정에서는 우선, 현재 환자의 상태, 진료 전 환자의 기왕증여부, 진료와 환자 증상의 연관성, 향후 치료가능성 및 치료비, 장해율 등에 대한 판단을 하게 됩니다. 환자 입장에서는 의사의 피해정도와 보상비 산정의 근거를 마련하기 위하여, 의사 입장에서는 환자의 기왕증 등을 입증하기 위하여 '신체감정'을 신청하게 됩니다.

이처럼 의료분쟁은 환자(원고)의 소제기에 대하여 의사(피고)의 대응으로 이루어지는 것이 일반적이며, '진료기록부감정', '신체감정', '기타 증거와 증언' 등을 통해 의사의 과실여부가 판단되고, 의사의 과실이 인정되면 법원이 위 자료들을 참고하여 손해액을 결정하는 과정을 거치게 됩니다.

문의하신 원장님의 경우, 환자의 기왕증(흉터)이 있었다는 점과 원장님의 과실이 없었다는 점을 입증해야합니다. 환자가 처음 내원하였을 때, 찍어둔 사진이나 그 때 환자를 목격한 다른 환자의 증언 등을 통해 우선 환자의 기왕증이 있었음을 주장하셔야 하며, 진료기록부감정과 신체감정을 통해 환자의 현재 상태에서 기왕증이 차지하는 부분이 어느 정도인지를 확인하셔야 합니다. 또한, 원장님의 진료가 현대의료의 관점에서 적정하고 타당한 최선의 진료였음을 주장 입증하셔야 합니다. 마지막으로 환자에게 사전에 이와 같은 증상(부작용)의 발생 가능성에 대하여 충분히 설명하셨음을 입증하실 필요가 있어 보입니다. 결국 원장님의 진료기록부에 이와 같은 내용이 얼마나 충실하게 기재되어 있느냐에 따라 소송결과가 달라질 것으로 판단됩니다.

Q33
장해율(노동능력상실률)과 책임제한에 대하여

> 정형외과를 운영 중인 개원의입니다. 얼마 전 발목인대재건술을 받은 환자가 있습니다. 분명 수술은 문제가 없었는데, 수술 후 환자가 한쪽 다리를 절게 되었고, 이로 인해 20%의 장해율 판정을 받게 되었습니다. 저의 과실여부를 떠나서 우리 병원에서 수술한 환자이니만큼 가능한 제가 책임을 지고 싶습니다. 이 경우 제가 어떤 책임을 지게 되는지요?

A33 교통사고, 산재사고, 의료과실사고 등으로 피해자의 거동에 불편이 생기거나, 장기손상이 생길 경우, 보통 '장해율(정확히는 '노동능력상실률')'판정을 하게 됩니다.[25] '장해율'을 평가하는 이

---

[25] 장해율 판정기준은 여러 가지가 있는데 보통은 '맥브라이드노동능력상실평가표'에 따른 노동능력상실률 계산법이 가장 널리 사용되고 있습니다. '맥브라이드노동능력상실평가표'는 장해부위, 장해정도, 직업계수 등을 통해 장해율(노동능력상실율)을 계산하며, 이렇게 계산된 장해율을 기준으로 피해자의 예상정년(가동연한), 과실비율, 기타 사항 등을 고려하여 법원이 최종적으로 손해배상액을 결정합니다.

유는, 신체에 장해가 생길 경우 그 장해율만큼 노동능력이 감소하고 그 감소비율만큼 소득도 줄어들 것이란 점을 고려하여 피해자에게 그 줄어드는 잠재소득('일실소득' 이라고 합니다)만큼 배상받게 해주려는 데 있습니다.

의사의 과실로 인한 의료사고로 환자에게 큰 후유증이 남게 되면, 치료가 끝날 때까지의 향후치료비, 개호비(간병비), 그리고 일실소득 등을 배상하게 됩니다. 문제는 일실소득의 산정방법인데, 이는 환자의 직업, 나이, 소득, 성별 등에 따라 달라집니다. 우선 직업에 따라 가동연한(일을 할 수 있는 나이)이 결정됩니다. 가동연한은 판례로 어느 정도 정립되어 있는데, 프로야구 선수의 경우 40세, 가수의 경우 50세, 개인택시기사의 경우 55세, 의사의 경우 65세 등 직업의 특성에 따라 달리 인정되고 있습니다.[26]

만일, 60세까지 정년이 보장된 직장에서 연 5000만 원의 소득을 얻는 40세 근로자가 20%의 장해율 판정을 받게 되면, 이론적으로 연소득의 20%인 1000만 원에 대하여 향후 20년간 그 이율을 곱한 금액이 일실소득액이 됩니다. 이 경우 2억 원을 훌쩍 뛰어넘는 거금이 일실소득으로 계산될 수 있습니다.

---

[26] 위 판례의 가동연한은 확정적인 것은 아니고 사안과 개인에 따라 조금씩 편차를 보이고 있으며, 같은 직업군이라도 시대변화에 따라 판례가 인정하는 가동연한도 조금씩 달라지고 있습니다.

그런데, 장해가 발생한 경우(예를 들어 교통사고) 피해자의 과실이 사고의 원인이 될 수도 있습니다. 이 경우 피해자의 과실에 상관없이 무조건 일실소득을 전부 가해자에게 지급하라고 하면 가해자에게 너무 가혹할 것입니다. 따라서 우리 법원은 손해배상액을 결정할 때 피해자의 과실율만큼 손해액을 감경하게 합니다(이를 '과실상계' 라고 합니다). 피해자의 과실율이 50%라고 하면 위의 일실소득에서 50%만큼 공제한 금액이 손해배상액이 됩니다.

문제는 의료과실사고로 인한 경우, 통상의 손해배상과 달리 환자의 과실율을 판단하는 것이 생각처럼 쉽지 않고, 의사의 무과실을 입증하는 것도 만만치는 않습니다. 또한, 의료과실이 인정된다고 하더라도 의료행위 자체가 환자를 치료하려는 선한 목적에서 이루어진 행위이므로 의사에게 무조건적인 책임을 묻기도 어렵다고 봅니다. 이러한 이유로 의료과실사고의 경우 '과실상계'를 대체할 새로운 법리가 필요하게 되었으며, '책임제한'이라는 독특한 법리가 적용됩니다. 보통 의료과실사고로 인한 손해배상의 판결을 보면 '의사의 과실은 인정되나, 그 책임은 40%로 제한한다'라는 식의 판결이 자주 보입니다. 현대의학이 완전하지 않고, 최선의 노력을 기울였더라도 불가피한 피해였으며, 의사에게 100% 책임을 묻지 못하는 상황에서 법원이 임의로 의사의 책임정도를 oo%로 제한하여 그 범위에서만 책임을 지도록 하는 것입니다.

또한, 의료과실사고의 경우 '기왕증공제'라는 것이 있는데, 예를 들어 수술 중 환자에게 갑자기 뇌경색이 생겼고 이로 인해 장해가 생겼다고 하더라도, 수술 전 환자에게 고혈압, 고지혈증, 또는 고령의 나이 등으로 인해 뇌경색을 유발할 만한 증상(기왕증)이 있었다면, 수술로 이한 뇌경색과 그 후유증에 대하여 기왕증의 비율만큼을 환자의 책임부분으로 인정하는 것입니다.

결국, 의료과실사고에서는 의사의 과실유무, 진료적정성 등에 대한 평가와 함께, 의사의 책임에 대한 법원의 제한, 환자의 기왕증비율 등을 판단하여, 환자의 장해율로 인한 일실소득에서 법원이 제한한 책임만큼만 의사가 부담하며, 다시 의사의 부담비율에서 환자의 기왕증만큼을 공제하여 최종적으로 손해배상액이 결정됩니다. 주의할 점은 책임제한이나 기왕증이 항상 인정되는 것은 아니라는 점입니다. 의사의 입장에서는 자신의 수술/진료의 적정성과 타당성에 대하여 최대한 입증하고, 환자의 기왕증 등에 대하여 신체감정을 거친 후 법원에 의사의 책임을 제한하여 줄 것을 적극적으로 요청하는 노력이 필요합니다.

문의하신 원장님의 경우 환자의 나이, 직업, 향후 경과 등을 잘 살펴보시고, 우선 예상되는 치료비와 개호비, 그리고 일실소득의 합산 등을 통해 예상되는 손해배상액을 산정하셔야 합니다. 이어서 원장님의 무과실과 환자의 기왕증 여부를 입증하시고, 마지막으로 유사한 사례에서 우리 판례가 의사의 책임을 어느 정도 인정하고 있는지 여부 등을 살피셔서 최종적으로 원장님께서 책임질 부분을 환자에게 설명하시고 이에 따라 합의과정을 진행하시는 것이 바람직해 보입니다.

Q34
추상장해에 대하여
-피부과/성형외과

> 경기도 일산에서 피부과를 운영하는 의사입니다. 얼마 전 레이저 시술 중 환자얼굴에 작은 콩알 정도의 상처가 생기는 사고가 있었어요. 환자가 치료비와 더불어 너무 많은 배상금을 요구하는데 어떻게 해야 하나요?

A34 얼굴 부위에 상처가 생긴 경우는 '추상장해'에 해당될 우려가 있으므로 주의를 요합니다.

통상, 장해라고 하면, 거동이 불편하거나 장기손상이 생긴 경우 또는 지능이 저하된 경우 등을 생각하기 쉬우나, 여기에는 '추상(醜相)장해'라는 또 하나 장해개념이 있습니다. 한자에서 알 수 있듯이 화상이나 창상 등 사람의 얼굴이나 목 등 외관상 눈에 쉽게 띄는 부위에 보기흉한 흉터가 생긴 장해를 일컬어 '추상장해'라고 합니다. 일반적으로 의원급 의료기관에서 '장해환자'가 발생할 가능성은 높지 않습니다. 그러나 피부과나 성형외과처럼 환자의 얼굴에 직접 시술을 하는 경우에는 '추상장해'의 가능성이 비교적 높은 편입니다.[27]

예를 들어, 레이저 시술 후 얼굴에 '2cm 정도의 조직함몰'이 생겨서 노동능력상실률 5% 정도의 '추상장해' 판정이 인정될 경우, 피해자가 연 3천만 원 가량의 소득이 있는 젊은 여성이라면 이론적으로 그 배상액은 연소득의 5%인 150만 원에 대하여 예상정년 때까지 이 자율을 계산한 금액이 됩니다. 물론 이는 의사의 과실이 100% 인정될 때의 경우이며, 실제 재판에서는 의사의 과실율이나 책임제한 법리에 따라서 그보다 낮은 금액의 배상액이 결정되는 경우가 일반적입니다.

중요한 것은 최근 피부과/성형외과 진료의 결과로 외모에 작은 흉터가 생겨서 분쟁이 발생하는 경우가 점점 늘어가고 있다는 것이며, 이 경우 '추상장해'의 인정여부가 그 손해배상액을 결정하는 데 큰 역할을 하게 된다는 점입니다. 일단 법원이 '추상장해'를 인정하게 되면, 보통 원장님들이 예상하시는 것보다 훨씬 큰 배상액이 결정될 수

---

27 여타 장해와 달리 추상장해는 '맥브라이드노동능력상실평가표'에 그 기준이 없으므로, '국가배상법'이나 '산업재해보상보험법' 또는 한국성형외과학회의 '추상장해기준'을 준용하여 판단하며. 실제 추상장해의 인정여부는 법원의 재량권한이므로 피해자의 직업, 성별, 나이 등을 고려하여 최종적으로 법원이 장해인정여부와 손해배상액을 결정하게 됩니다.

도 있으므로, 특히 피부과/성형외과 원장님들의 경우 이에 대한 이해가 더욱 중요해지고 있습니다.

　문의하신 원장님의 경우, 일단 환자의 얼굴에 흉터가 남지 않도록 최대한 노력을 기울이시고, 향후 흉터가 남았을 경우에는 환자의 직업과 나이, 흉터의 크기와 위치 등을 고려하셔서 추상장해판정이 예상되는지 여부, 추상장해판정이 예상된다면 어느정도 장해율이 나올지, 의사의 과실율은 어느 정도 인정될지, 예상배상액은 어느 정도일지 등에 대하여 변호사와 미리 상의하실 것을 권해드립니다. 그리고 예상배상액과 환자의 요구액을 잘 조절하셔서 원만한 합의에 도달할 수 있도록 노력하시는 것이 바람직합니다.

주의

1. '산업재해보상보험법 시행령'은 장해등급기준을 1급부터 14급까지 세분하여 구분하고 있습니다. 이 기준에서 '추상장해'와 관련한 내용들을 정리하면 다음 표와 같습니다.

〈산업재해보상보험법 시행령 상의 장해등급 기준〉

장해등급	기준
제7급	• 외모에 극도의 흉터가 남은 사람
제9급	• 두 눈의 쌍꺼풀에 뚜렷한 결손이 남은 사람 • 코에 고도의 결손이 남은 사람 • 외모에 고도의 흉터가 남은 사람
제10급	• 한쪽 눈의 쌍꺼풀에 뚜렷한 결손이 남은 사람 • 코에 중증도의 결손이 남은 사람
제11급	• 두 눈의 쌍꺼풀에 뚜렷한 운동기능장해가 남은 사람 • 두 눈의 쌍꺼풀의 일부가 결손된 사람 • 두 귀의 귓바퀴에 고도의 결손이 남은 사람 • 외모에 중증도의 흉터가 남은 사람 • 두 팔의 노출된 면에 극도의 흉터가 남은 사람 • 두 다리의 노출된 면에 극도의 흉터가 남은 사람
제12급	• 한쪽 눈의 쌍꺼풀에 뚜렷한 운동기능장해가 남은 사람 • 한쪽 눈의 쌍꺼풀의 일부가 결손된 사람 • 한쪽 귀의 귓바퀴에 고도의 결손이 남은사람 또는 두 귀의 귓바퀴에 중증도의 결손이 남은 사람 • 코에 경도의 결손이 남은 사람 • 두 팔의 노출된 면에 고도의 흉터가 남은 사람 • 두 다리의 노출된 면에 고도의 흉터가 남은 사람
제13급	• 한쪽 귀의 귓바퀴에 중증도의 결손이 남은사람 또는 두 귀의 귓바퀴에 경도의 결손이 남은 사람 • 외모에 경도의 흉터가 남은 사람 • 두 팔의 노출된 면에 중증도의 흉터가 남은 사람 • 두 다리의 노출된 면에 중증도의 흉터가 남은 사람
제14급	• 한쪽 귀의 귓바퀴에 경도의 결손이 남은사람 • 두 팔의 노출된 면에 중증도의 흉터가 남은 사람 • 두 다리의 노출된 면에 중증도의 흉터가 남은 사람

2. 생명보험회사의 표준약관에서 사용되는 추상장해기준[28]

장해정도	장해부위	장해기준
I. 뚜렷한 추상 (장해율 15%)	1. 얼굴	① 손바닥 크기 1/2 이상의 추상 ② 길이 10cm 이상의 추상 흉터 ③ 직경 5cm 이상의 조직함몰 ④ 코의 1/2이상 결손
	2. 머리	① 손바닥 크기 이상의 흉터 및 모발결손 ② 머리뼈의 손바닥 크기 이상의 손상 및 결손
	3. 목	－손바닥 크기 이상의 추상
II. 약간의 추상 (장해율 5%)	1. 얼굴	① 손바닥 크기 1/4 이상의 추상 ② <u>길이 5cm 이상의 추상 흉터</u> ③ <u>직경 2cm 이상의 조직함몰</u> ④ 코의 1/4이상 결손
	2. 머리	① 손바닥 1/2 크기 이상의 흉터, 모발결손 ② 머리뼈의 손바닥 1/2 크기 이상의 손상 및 결손
	3. 목	－손바닥 크기 1/2 이상의 추상

※ "손바닥 크기"라 함은 해당 환자의 손가락을 제외한 손바닥의 크기를 의미

3. '산업재해보상보험법 시행령의 장해등급기준'이나 '보험약관상 추상장해기준'이 실제 법원에서 추상장해를 판단하는 절대적인 기준은 아니며, 실제 추상장해의 판단은 감정이나 법원의 주관이 많이 반영됩니다. 여기서는 원장님들이 추상장해에 대하여 참고하실만한 자료가 많지 않은 현실을 고려하여 널리 알려진 자료를 소개하고 있습니다. 참고로만 사용해 주십시오.

---

[28] 출처: 금융감독원, '보험업 감독업무 시행세칙 별표 15'

Q35
고용의사의 의료과실에 대한 개설의의 책임

중랑구에서 치과를 운영 중인 치과의사입니다. 저의 의원에는 저와 함께 일을 하시는 의사분이 한 분 계신데 발치환자에 대한 신경치료 중 실수로 다른 이의 신경을 건드리는 일이 생겼습니다. 그 환자는 저의 의원을 상대로 민사소송을 제기하겠다고 하고 있는데 직접 진료하지 않은 저는 어떤 책임을 지게 되나요?

A35 의료과실사고에서 환자가 의사를 상대로 손해배상청구의 소를 제기할 경우, 기본적으로 민법상 '채무불이행에 따른 손해배상책임(민법 제390조)'과 '불법행위에 따른 손해배상책임(민법 제750조)'을 근거로 합니다.

1. 채무불이행에 따른 손해배상책임(민법 제390조)

우리 민법 제390조에서 규정한 채무불이행이란 '채무자가 고의나 과실로 인해 채무의 내용에 좇은 이행을 하지 아니한 경우'를 말합니다. 환자가 의사에게 진료를 받을 때는 의사와 환자 간에는 일종의 계약이 성립하는데, 그 내용은 의사는 '적절한 진료를 제공하고 환자는 그에 대한 진료비를 지급 한다'로 요약할 수 있습니다. 이때 의사가 제공해야 하는 적절한 진료는 의사의 채무가 됩니다. 채무불이행은 의사가 진료를 제공하지 아니한 경우 뿐 아니라, 불완전하게 제공한 경우와 그로 인해 부가적인 손해가 발생한 경우까지 포함됩니다. 따라서 의사의 과실로 인하여 환자에게 적절한 진료를 하지 못하였거나 그 진료과정에서 부가적인 손해가 발생하였다면 의사에게는 '채무불이행에 따른 손해배상의 책임'이 발생하게 됩니다.

한편, 민법 제391조에는 '채무자가 타인을 이용(고용)하여 채무를 이행할 때는, 그 타인의 고의나 과실은 채무자의 고의나 과실로 본다'고 규정하고 있습니다. 만일 원장님이 고용하신 의사나 의료기사 등이 원장님의 지시에 벗어나거나 진료행위와 관계없는 행위로 타인에게 손해를 끼친 경우는 이에 해당되지 않겠으나, 고용의사나 의료기사가 원장님의 관리·감독 하에 통상의 진료행위나 진료보조행위를 하다가 과실로 환자에게 손해를 끼쳤다면, 그 고용의사나 의료기사의 과실은 원장님의 과실이 되어, 원장님에게 직접 채무불이행책임(민법 제390조)이 성립할 수 있습니다.

2. 불법행위에 따른 손해배상책임(민법 제750조)

우리 민법 제750조에서 규정한 불법행위란 '고의나 과실로 인한 위법행위로 인하여 타인에게 손해를 끼친 경우'를 말합니다. 의사의 진료는 고도의 숙련과 주의를 요하며, 진료과정에서 의사가 기울여야 하는 고도의 주의의무를 위반한 경우 과실로 인한 불법행위가 성립할 수 있습니다.[29]

한편 민법 제756조는 '타인을 사용하여 어느 사무에 종사하게 한 자는 피용자가 그 사무집행에 관하여 제삼자에게 가한 손해를 배상할 책임이 있다. 그러나 사용자가 피용자의 선임 및 그 사무감독에 상당한 주의를 한 때 또는 상당한 주의를 하여도 손해가 있을 경우에는 그러하지 아니하다'고 규정하고 있습니다. 따라서 고용의사나 의료기사가 주의의무를 다하지 못한 과실(위법행위)로 인하여 환자에게 손해를 끼쳤을 경우에는 원장님께서는 민법 제756조에 따른 손해배상책임을 질 수 있습니다(이를 '사용자 책임'이라고 합니다). 이 경우 원장님께서는 고용의사나 의료기사의 사무감독에 상당한 주의를 기울였음을 입증하여 면책될 수는 있으나 의료기관의 특성상 다른 의사의 진료에 원장님이 직접 개입할 수 있는 여지가 크지 않으므로 원장님이 사무감독에 상당한 주의를 기울였음을 입증하는 것

---

29 민법상 불법행위가 '범죄행위'를 의미하는 것은 아닙니다. 직무상 당연히 지켜야할 의무나 주의사항을 위반한 경우 형사상 범죄는 아닐지라도 민법상 불법행위는 성립할 수 있습니다.

이 쉽지는 않습니다.

3. 이처럼 고용의사의 과실로 인한 의료과실사고의 경우, 직접 진료한 고용의사에게는 민법 제390조 또는 민법 제750조에 따른 손해배상책임이 발생할 수 있으며, 의원을 운영 중인 원장님(고용주)에게는 민법 제390조 또는 민법 제756조에 따른 손해배상책임이 발생할 수 있습니다. 원장님과 고용의사의 책임이 모두 인정되는 경우라면 환자의 손해에 대하여 부진정연대책임을 지게 됩니다. 따라서 환자는 원장님이나 고용의사 둘 중 아무에게나 또는 두 명 모두에게 손해배상을 청구할 수 있습니다.

4. '채무불이행에 따른 손해배상책임'과 '불법행위에 따른 손해배상책임'은 동시에 성립할 수 있습니다. 이 경우 환자는 소송에서 '채무불이행'과 '불법행위'를 모두 주장하게 됩니다. 법원에서 둘 중 하나만 인정할 수도 있고 둘 다 인정할 수도 있으나, 둘 다 인정한다고 해서 손해배상액이 두 배가 되는 것은 아닙니다. 손해배상 책임의 근거가 두 개라고 하는 것뿐이며 손해배상액은 환자에게 발생한 손해에 따라 정해집니다.

문의하신 원장님의 경우, 우선 채무불이행책임을 생각해보면, 고용의사의 과실이 명백한 이상 고용의사의 과실은 원장님의 과실로 인정되어 민법 제390조에 따른 손해배상의 책임은 불가피해 보입니다. 그리고 불법행위의 경우는 원장님께서 고용의사의 관리 감독에 상당한 주의를 기울였음을 입증한다면 불법행위책임은 면할 수도 있어 보입니다. 이 경우 원장님에게는 민법 제390조에 따른 손해배상책임(채무불이행)이 성립하고, 고용의사에게는 민법 제750조에 다른 손해배상책임(불법행위)이 성립할 것으로 보입니다. 판례에 따르면 두 책임은 부진정연대책임의 관계에 놓이므로, 환자는 원장님이나 고용의사 둘 중 아무에게나 혹은 둘 모두를 상대로 손해배상의 청구를 할 수 있을 것으로 판단됩니다.

Q36
의사의 설명의무에 대하여

성형외과 전문의입니다. 얼마 전 저희 병원에서 속눈썹 올림 수술을 받은 환자가 있습니다. 속눈썹 올림 수술을 받으면 통상 눈이 커지는 효과가 있기에 이에 대하여 환자의 요구를 잘 듣고 환자의 요구에 따라 수술을 진행하였습니다. 그런데 환자는 속눈썹 올림 수술을 통해 쌍꺼풀라인이 좁아지기를 원했다며 왜 이에 대하여 설명해 주지 않았냐고 항의하고 있습니다. 통상 속눈썹 올림 수술은 눈이 커지는 효과는 있으나 쌍꺼풀라인이 좁아지는 효과는 원래 없습니다. 그런데 이것을 설명하지 않았다고 해서 문제가 되나요? 속눈썹 올림 수술은 무사히 끝났고 이 수술로 인한 통상적인 기대효과도 모두 나타났는데 환자의 요구가 무리하게 느껴집니다.

A36 의료분쟁에서 쟁점이 되는 '의사의 과실'은 크게 두 가지입니다. 하나는 '주의의무 위반'이고 다른 하나는 '설명의무 위반'입니다.

'주의의무'란 고도의 숙련과 주의를 요하는 의사의 진료행위에 요구되는 의무로써, 흔히 '의료과실'이란 대부분 이런 '주의의무에 대한 위반'을 의미합니다.

'설명의무'란, 진료나 수술 전에 환자에게 진료/수술의 기대효과, 부작용, 예상되는 위험 등을 환자의 나이, 성별, 직업 등을 고려하여 충분하게 설명해 주어야 할 의무를 말합니다. 이런 설명의무는 환자가 진료의 결과와 위험성을 미리 예측하여 스스로 진료/수술 여부를 결정할 수 있도록 하기 위함입니다. 따라서 원장님들께서는 진료/수술 전에 그 기대효과, 부작용, 예상되는 위험 등에 대하여 충분히 설명해 주셔야 합니다. 단, 응급환자나 현대의학으로 예측할 수 없는 결과에 대하여는 의사의 설명의무도 면제됩니다.

통상, 설명의무위반으로 인하여 손해배상책임이 인정되기 위해서는 설명의무위반이 주의의무위반(통상의 의료과실)과 동일시 할 수 있을 정도의 수준에 이르러야 하며, 의사가 설명의무를 이행하지 않았음을 환자가 입증해야 합니다.

의사에게 설명의무가 있다는 사실에 대해서는 우리 판례와 학계의 의견이 일치하고 있습니다. 그러나 실제 사례에서 설명의무 위반의 인정은 판례마다 조금씩 다른 모습을 보입니다. 의료현장의 특수성과 복잡성에 그 이유가 있는 것으로 보입니다. 원장님들께서는 가능한 진료/수술 전에 그 기대효과와 부작용, 위험성 등에 대하여 사전에 충분한 설명을 하시고, 이를 문서로 남겨서 차후 분쟁발생시 증거자료로 사용할 수 있도록 해 두실 것을 권해드립니다.

문의하신 원장님의 경우는 실제 판례의 사건입니다. 실제 사건에서 해당 원장님께서는 속눈썹 올림 수술의 일반적인 기대효과인 눈이 커지는 효과에 대해서는 충분히 설명하였습니다. 그러나 당시 수술 전 상담기록에는 환자가 눈이 커지는 효과와 함께 쌍꺼풀라인이 좁아지는 효과도 동시에 원한다는 사실이 기재되어 있었는데 그 자료에 원장님이 쌍꺼풀이 좁아지는 효과에 대하여는 아무런 기재사항이 없었습니다. 결국 법원에 제출된 자료로 판단하였을 때, 환자가 원하는 수술결과에 대한 의사의 설명의무가 충분하지 않았다는 사실이 인정되어 담당원장님의 설명의무 위반에 따른 손해배상책임이 인정되었습니다.

주의

설명의무는 말로써 하는 것으로 충분하지만, 향후 분쟁이 생겼을 때 의사 입장에서 어떤 사항을 환자에게 충분히 설명하였음을 입증하는 것은 매우 어렵습니다. 따라서 원장님께서는 진료/수술 전 상담 시 환자와 나눈 말을 가능한 자세히 진료기록 등에 남겨두시고, 부작용, 수술 기대효과 등 중요한 사항에 대해서는 특히 환자의 서명을 받아 서면으로 남겨두실 것을 권해드립니다. 또한, 최근 판례의 경향으로 볼 때 환자가 원하는 수술결과에 대하여 상담을 받으신 경우 환자의 요구상황에 대한 예후에 대하여도 이를 진료기록부 등에 남겨두어야 설명의무 위반에 따른 책임을 피할 수 있을 것으로 판단됩니다.

Q37 의료과실과 형사책임

> 신경외과를 운영 중인 의사입니다. 저희 병원에서 허리디스크 수술을 받은 환자 한명이 있는데, 수술 후 왼쪽 다리에 심한 저림 증상과 허리통증이 악화되었다고 손해배상을 요구해 왔습니다. 환자의 요구가 너무 무리한 금액이고 저희 병원 의사들의 판단에 의료과실은 없었다는 결론 하에 손해배상 요구를 거절하였더니, 경찰서에 '업무상과실치상'혐의로 고소하였습니다. 의료인의 의료행위에 대하여 문제가 있을 경우, 형사상 책임까지 져야 하는 것인지요.

A37 의료소송에서 민사와 형사는 그 과실의 입증책임과 입증의 정도에 큰 차이를 보입니다. 민사소송의 경우 '의료사고 발생에 다른 원인이 없다는 간접사실을 증명하는 정도'면 의사의 과실을 인정할 수 있습니다. 그러나 형사소송에서는 '의사의 과실이 있었다는 것이 의심할 여지가 없을 만큼 확실'해야 의사의 과실에 따른 책임을 물을 수 있습니다.

예를 들어, 허리통증으로 수술을 받은 환자가 수술 후 더 큰 통증과 다리 저림으로 인하여 의사의 과실을 물을 경우, 민사소송에서는 '수술 이외에 환자의 허리 통증과 다리 저림을 악화시킬만한 요인이 없었다'라는 사실만 환자가 입증하면 의사에게 과실이 인정되어 손해배상의 책임을 물을 수 있지만, 형사소송에서는 '의사가 수술 중 명백한 잘못을 저질렀음'을 입증하지 않는 한 '업무상과실치상'과 같은 형사책임은 물을 수 없습니다.

문의하신 원장님의 경우 명백한 의료과실을 환자가 입증하지 못하는 한, 민사적인 책임은 별론으로 하고 형사적인 책임(업무상과실치상)은 지지 않을 것으로 보입니다. 그러나 환자가 형사고소를 한 이상 수사기관에서 피고소인 신분으로 조사를 받을 수는 있습니다. 수사기관의 조사요청이 있으면, 진료기록 등 관련 자료를 잘 준비하셔서 수술에 의료진의 과실이 없었다는 점을 차분히 설명하시면 큰 문제는 없을 것이라고 생각됩니다.

> **주의**
>
> 의사의 의료과실과는 무관하게 형법상 규정에 처벌규정이 있는 경우는 의사를 처벌할 수 있습니다. 낙태죄를 제외하고는 의사의 진료행위와 직접적인 관련은 없고 주로 의사의 직무와 관련된 일반범죄에 해당합니다.
>
> **1. 허위진단서 등의 작성(형법 제233조)**
> 의사(한의사, 치과의사)가 검안서, 진단서, 생사에 관한 증명서를 허위로 작성한 경우에 해당합니다.
>
> **2. 위조사문서 등의 행사(형법 제234조)**

허위로 만들어진 문서, 도화, 특수매체기록 등을 행사한 경우에 해당합니다.

3. 의사 등의 낙태/부동의 낙태(형법 제270조)
의사가 부녀의 촉탁으로 낙태하거나/부녀의 촉탁이나 승낙 없이 임의로 낙태한 경우 모두 해당합니다. (촉탁이나 승낙여부는 형량에 영향을 미칠 뿐 불법 낙태는 무조건 처벌)

4. 업무상 비밀 누설(형법 제317조의 제1항)
의사 등이 업무상 알게 된 환자의 비밀을 누설한 경우에 해당합니다.

5. 사기(형법 제347조)
환자나 보험단체 등에 허위로 진료비를 청구한 경우에 해당합니다.

반드시 알고 있어야 할 법률지식

V

V장에서는 진료 현장에서 종종 부딪칠 수 있는 문제들에 대한 법률지식을 정리했습니다. 직원과의 관계, 건물임대차, 업무방해에 대한 대처, 민사소송절차, 의료법상 의사의 의무, 최근 개정된 「아동·청소년의 성보호에 관한 법률」 등에 대한 내용으로 구성되어 있습니다.

개원의들을 위한 **법/률/컨/설/팅**

Q38
직원의 고용과 해고

> 서울에서 작은 한의원을 운영 중에 있습니다. 저희 한의원에는 두 명의 간호사와 한 명의 물리치료사가 저를 도와 함께 일을 하고 있습니다. 그런데 최근 경영난이 심해서 간호사를 한 명 줄여야 할 형편인데요, 주변에 알아보니 직원을 해고하는 데 일정한 절차를 따라야 한다고 하네요. 어떤 절차를 밟아야 하나요?

A38 우리나라 근로자들의 권리와 근로환경을 규정한 가장 기본적인 법률로서 「근로기준법」이 있습니다.[30] 이외에도 「근로자퇴직급여보장법」, 「기간제 및 단시간근로자 보호 등에 관한 법률」, 「최저임금법」, 「남녀고용평등과 일·가정 양립 지원에 관한 법률」 등에서 사용자와 근로자의 고용관계 및 근로자의 권리 등을

---

30   근로기준법은 원칙적으로 상시 5인 이상 근무하는 사업장에만 적용되지만, 근로계약과 임금, 재해보상과 같은 주요한 사항에 대하여는 상시 4인 이하의 사업장에도 적용되도록 규정하고 있습니다(근로기준법 제11조 제1항, 제2항).

규정하고 있습니다. 원장님들께서 의원을 운영하는 데 꼭 알아야 할 기본적인 내용을 정리하면 다음과 같습니다.

1. 고용 및 근로계약의 체결

① 근로계약 체결시 사용자(원장님)는 '근로조건에 대한 내용'을 반드시 서면으로 작성하여 근로자(직원분)에게 교부하여야 합니다. 이 서면에는 임금[31], 소정근로시간[32], 주1회 이상의 유급휴일, 연차유급휴가에 관한 내용(근로기준법 제60조), 취업장소와 종사할 업무의 내용, 취업규칙[33]에 관한 사항 등이 명시되어 있어야합니다(근로기준법 제17조).

② '근로기준법'에서 규정한 '근로조건'은 최저기준이므로, 이 법의 규정 이하로 근로조건을 정할 수 없고, 이 법의 규정을 이유로 기존 근로조건을 낮추어서도 안 됩니다(근로기준법 제3조).

③ 근로자를 모집/채용할 때, 성별에 따른 차별이나 일정한 기준의 외모(키나 몸무게 등), 미혼 등의 조건을 요구해서는 안 됩니다(남녀고용평등과 일·가정 양립 지원에 관한 법률 제7조). 또한, 이미 고용한 직원에 대하

---

[31] 임금에는 임금의 구성항목, 계산방법, 지급방법 등이 명시되어 있어야 합니다.
[32] 근로기준법에 따라 주 40시간, 일 8시간 이내에서 사업자와 근로자가 정해 둔 근로시간을 말합니다.
[33] 취업규칙은 '근로자가 준수해야 할 근로수칙, 임금, 근무시간 등 근로조건에 관해서 정해둔 규칙으로서 상시 10인 이상의 근로자가 근무하는 사업장의 사업주가 고용노동부장관에게 반드시 신고하여야 하는 서류'입니다(근로기준법 제93조). 따라서 상시 10인 미만의 사업장에서는 취업규칙을 신고할 의무가 없습니다.

여도 성별, 신앙, 국적 등을 이유로 근로조건에 어떠한 차별적 대우를 해서도 안 됩니다(근로기준법 제6조).

④ 근로계약에 대한 불이행에 대비하고자 근로자에 대하여 사전에 위약금이나 손해배상액을 미리 예정하여 두는 것도 금지되어 있습니다(근로기준법 제20조).

2. 해고 및 근로계약의 해지

① 사용자는 정당한 이유 없이 근로자를 해고하지 못하며, 경영상의 이유로 근로자를 해고하고자 할 경우에는 반드시 '긴박한 경영상의 필요'[34]가 있어야 합니다. 단, 이러한 해고의 제한은 상시 5인 이상의 근로자가 근무하는 사업장에만 적용됩니다(근로기준법 제23조 제1항, 제24조).

② 근로자가 업무상 부상이나 질병으로 인한 요양으로 휴업한 기간과 그 이후 30일 동안, 산전(産前)/산후(産後) 여성이 법에 따라 휴업한 기간과 그 이후 30일 동안은 해고하지 못합니다. 단, 사업을 계속할 수 없게 된 경우나 요양을 시작한 지 2년이 지나도 회복되지 않아 이 법에 따라 일시보상을 한 경우에는 예외적으로 해고가 가능합니다. 이 규정은 근로자의 수와 관계없이 모든 사업장에 적용됩니

---

[34] 경영악화 방지를 위하여 사업의 양도/인수/합병은 긴박한 경영상의 필요로 봅니다.

다(근로기준법 제23조 제2항).

③ 근로자를 해고하려 할 때는 적어도 30일 전에 예고하여야 합니다. 단, 해고에 대하여 예고하지 않았다고 하여 해고가 무효가 되는 것은 아니며, 이 경우 사업자는 30일분 이상의 통상임금을 지급하여야 합니다. 해고의 예고는 근로자의 수에 관계없이 모든 사업장에 적용되지만, 6개월 이하 근무한 월급근로자, 3개월 이하 근로한 일용근로자, 2개월 이내의 기간을 정하여 일을 한 근로자, 계절적인 업무로 인하여 6개월 이내의 기간을 정하여 일을 한 근로자, 수습중인 근로자의 경우에는 해고의 예고의무가 적용되지 않습니다(근로기준법 제26조, 제35조).

④ 근로자에 대한 해고 통지는 반드시 '서면'으로 해야 합니다. 해고 통지 서면에는 '해고 사유'와 '해고 시기'가 포함되어 있어야 하며 서면으로 통지하지 않은 해고는 효력이 없습니다(근로기준법 제27조).

3. 비정규직 근로자(기간제/단시간 근로자)

① '기간제 근로자'란 근로기간이 정해진 근로계약을 체결한 근로자를 말합니다. 사용자는 기간제 근로자에게도 임금 및 근로조건에 대하여 서면으로 명시하여 이를 교부하여야 하며, 기간제 근로자에게 일반 정규직 근로자에 비하여 불리한 처우를 해서는 안 됩니다(기간제 및 단시간근로자 보호 등에 관한 법률 제16조).

② 상시 5인 이상 근무하는 사업장에서, 특별한 사유가 없는 한 2년을 초과하여 기간제 근로계약을 체결할 수 없습니다. 2년을 초과 (근로기간을 갱신한 경우는 총 근로기간의 합산)하여 근무한 기간제 근로자는 근로기간을 정하지 않은 근로계약을 체결한 것으로 봅니다(기간제 및 단시간근로자 보호 등에 관한 법률 제4조 제2항)[35].

③ '단시간 근로자'란 1주 동안 소정근로시간이 같은 사업장에서 같은 업무에 종사하는 통상근로자의 1주 소정근로시간에 비하여 짧은 근로자를 말합니다(근로기준법 제2조 제1항 제8호). 쉽게 말해서, 보통의 근로자보다 주당 근무시간이 짧은 근로자라 생각하셔도 무방합니다(주3회 근무하는 간호사 또는 오전 4시간만 근로하는 물리치료사 등이 여기에 해당합니다). 단시간 근로자의 경우도, 근로조건을 서면으로 명시하여 교부하여야 하며, 정규직 근로자에 비해 불리한 처우를 해서는 안 됩니다.

문의하신 원장님의 경우, 상시근로자가 4인 이하의 사업장으로 판단됩니다. 이 경우, 단순 경영난을 이유로 근로자를 해고할 수 있습니다(별도로 '긴박한 경영상의 이유'를 요구하지 않습니다). 다만, 해고 30일 전에 해고의 예고통지를 하셔야 하며, 예고통지 없이 해고할 경우에는 30일에 해당하는 통

---

[35] '근로기간을 정하지 않은 근로계약'이 '정규직 근로계약'을 의미하는지에 대해서는 규정이 명확하지 않습니다. 그러나 기간제 근로자를 보호하고자 제정된 입법취지를 볼 때 '정규직 또는 정규직에 준하는 근로계약'으로 해석하는 것이 타당하다고 봅니다.

상임금을 지급하셔야 합니다. 또한, 해고하고자 하는 직원이 질병이나 부상으로 휴업중이거나 휴업 후 30일 이내인 경우, 산전/산후 휴업 중이거나 휴업 후 30일 이내인 경우에는 해고하실 수 없습니다. 그리고 기간제 근로자 또는 단시간 근로자에 해당하는 경우에도, 위에서 설명한 일부 기간제 근로자(2개월 미만의 근로계약, 계절적 이유로 6개월 미만의 근로계약 등)를 제외하고는 반드시 사전에 해고에 대한 예고통지를 하셔야 합니다.

Q39
4대 사회보험과 퇴직금

> 부산 해운대에서 피부과를 운영 중에 있습니다. 피부과의 특성상 간호사 이외에 피부관리사, 코디네이터 등 다양한 일을 하는 직원들이 있습니다. 그런데, 저희 직원들은 매일 근무하는 것이 아니라, 주 2~3일만 일하도록 계약한 경우도 있고, 환자가 많이 몰리는 오후시간에만 일하도록 계약한 직원들도 있습니다. 그런데 이런 계약직 직원들에 대한 4대 보험 가입과 퇴직금 지급 규정이 너무 복잡합니다. 정리를 좀 부탁드립니다.

A39 '국민연금', '국민건강보험', '고용보험', '산업재해보상보험'을 합쳐서 흔히 '국민 4대 사회보험'이라 합니다. 이 네 가지는 사업장을 운영하는 사용자(원장님)가 반드시 가입해야 하는 보험들로서, 「국민연금법」, 「국민건강보험법」, 「고용보험법」, 「산업재해보상보험법」, 「고용보험 및 산업재해보상보험의 보험료징수 등에 관한 법률」 등에 각각 별도로 규정되어 있습니다. 위의 각 법에 규

정된 내용을 표로 정리하면 다음과 같습니다.

〈표〉 국민 4대 사회보험 정리

	적용 대상자	적용 제외자
국민연금	18세 이상 60세 미만 사용자 및 근로자	• 일용근로자 및 1개월 미만의 근로자 • 소정근로시간 월 60시간 미만의 단시간 근로자 (단, 생업을 목적으로 3개월 이상 근로제공시 제외) • 공무원연금법, 군인연금법 및 사립학교교직원 연금법을 적용받는 공무원, 군인 및 사립학교 교직원
국민건강 보험	모든 사용자 및 근로자	• 1개월 미만의 일용근로자 • 비상근 근로자 또는 소정근로시간 월 60시간 미만인 단시간 근로자 • 비상근 교직원 또는 소정근로시간 월 60시간 미만인 시간제 공무원 및 교직원 • 근로자가 없거나 비상근근로자 만을 고용하고 있는 사업장의 사업주
고용보험	모든 근로자	• 만65세 이후에 고용된 자 • 소정근로시간 월 60시간 미만인 자 (단, 생업을 목적으로 3개월이상 근로제공시 제외) • 국가공무원법, 지방공무원법에 따른 공무원, 다만 별정직 및 계약직 공무원은 본인의 의사에 따라 가입가능 • 사립학교교직원연금법의 적용을 받는 자 • 별정우체국법에 따른 별정우체국 직원 • 외국인근로자 (일부 예외)
산업재해 보상보험	모든 근로자	

위의 표에서 보듯이, 기간제 근로자 중 1개월 이상의 근로자와 단기간 근로자 중 월 근무시간이 60시간 이상인 근로자의 경우는 모

두 4대 사회보험 의무가입 대상이 됩니다. 특히 산업재해보상보험의 경우에는 예외 없이 모든 사업장에서 모든 근로자를 대상으로 그 가입이 의무화 되어 있습니다(산업재해보상보험에 가입하지 않은 사업장에서 근로자가 산업재해를 당했을 경우에도 근로복지공단에 산업재해를 신고하면 보상을 받을 수 있습니다. 이 경우 근로복지공단은 그 보상액을 사업주에게 구상하게 됩니다).

따라서 의원에서 근무하는 직원의 경우, 업무의 종류에 관계없이 1개월 이상/월 60시간 이상 근무하는 직원의 경우는 모두 4대 사회보험에 가입해야 하며, 그 이하 시간을 근무하는 직원의 경우에도 산업재해보상보험만큼은 반드시 가입하셔야 합니다.

한편, 「근로자퇴직급여보장법」 제4조 제1항은 '사용자는 퇴직하는 근로자에게 급여를 지급하기 위하여 퇴직급여제도 중 하나 이상의 제도를 설정하여야 한다. 다만, 계속근로기간이 1년 미만인 근로자, 4주간을 평균하여 1주간의 소정근로시간이 15시간 미만인 근로자에 대하여는 그러하지 아니하다'라고 규정하고 있습니다. 퇴직급여제도에는 '확정급여형퇴직연금제도', '확정기여형퇴직연금제도', '퇴직금제도' 등이 있습니다. 여기서는 의원급 의료기관에서 주로 이용하는 퇴직금제도에 맞추어서 설명하겠습니다.

퇴직금은 계속근로기간 1년에 30일분 이상의 평균임금을 기준으로 지급해야 합니다(「근로자퇴직급여보장법」 제8조). 계속근로기간이란 '근로계약을 체결해서 근로계약이 해지될 때까지의 기간'을 말하며, 우리 판례는 '기간의 정함이 있는 근로계약의 경우 그 계약기간의 만료로 고용관계는 종료되는 것이 원칙이나, 근로계약이 만료됨과 동시에 근로계약기간을 갱신하거나 동일한 조건의 근로계약을 반복하여 체결한 경우에는 갱신 또는 반복한 계약기간을 모두 합산하여 계속근로 연수를 계산하여야 한다(대판1995.7.11, 93다26168)'라고 판시하고 있습니다. 따라서 기간제 근로자일지라도 근로를 제공한 총 기간이 1년을 넘을 경우, 퇴직금을 반드시 지급하셔야 합니다.

단시간 근로자의 경우, 「근로자퇴직급여보장법」에 따르면 1주간의 소정근로시간이 15시간 미만인 때에는 퇴직금 지급에 대한 예외를 인정하고 있으며, 15시간을 넘어선 경우에만 퇴직금 지급을 의무화 하고 있습니다. 단, 이 경우에도 '계속근로기간 1년 이상'이라는 기준을 충족시켜야 합니다. 이때, 총 근무일수나 근무기간에 관계없이 1주간 소정근로시간이 15시간을 넘어선 주(週)가 총 53개 이상이 되면, 이를 계속근로기간 1년 이상으로 인정한다는 점을 유의하셔야 합니다.[36]

문의하신 원장님의 경우처럼 기간제 근로자와 단시간 근로자들이 많이 있을 때, 월 60시간 이상씩 1개월 이상 근로하는 직원의 경우에는 (약간의 예

---

[36] 1년(年)은 정확히 52.1주(週)입니다. 따라서, 53주(週)부터 1년 이상으로 계산합니다.

외는 있으나) 일단 4대 사회보험에 모두 가입해야 한다고 생각하시면 큰 문제가 없을 것 같습니다. 한편, 퇴직금은 주당 근무시간이 15시간을 넘어서는 직원의 경우에는 고용형태에 관계없이 근로기간이 1년을 넘어서면 퇴직금을 지급해야 하고, 주당 근무시간이 15시간을 넘나드는 직원의 경우에는 15시간을 넘어선 주가 53개 이상이 될 때부터 퇴직금을 지급한다고 판단하시면 큰 무리가 없을 것 같습니다.

Q40
직장 내 성희롱

> 대도시에서 작은 의원을 운영 중에 있는 여의사입니다. 평소 의원운영에 큰 어려움은 없으나 간혹 저희 의원 간호사를 상대로 성적농담을 하거나 음흉한 눈으로 쳐다보는 환자들이 있어서 난처한 경우가 많습니다. 이런 것도 성희롱에 해당할 것 같은데요. 원장인 저부터 간호사들까지 모두 여자뿐이라 어떻게 대처해야 할지 난감할 때가 많습니다. 조언 부탁드리겠습니다.

A40 최근 '직장 내 성희롱'이 큰 사회적 문제가 되고 있습니다. 우선 '성희롱'[37] 자체에 대한 처벌 규정을 보면, 「장애인차별금지 및 권리구제 등에 관한 법률」, 「아동복지법」, 「노인복지법」에서 각각 장애인, 아동, 노인에 대한 성희롱 금지와 처벌규정을 마련

---

[37] 성희롱은 '상대방이 원하지 않는 성적인 말이나 행동으로 상대방으로 하여금 성적 굴욕감이나 수치심을 안겨주는 행위'를 가리킵니다. 직접적인 물리력이 동원된 성추행이나 성범죄와는 조금 구별되는 개념입니다.

해두고 있습니다. 그러나 모든 경우에 적용되는 포괄적인 성희롱 금지/처벌 규정은 찾아보기 어렵습니다.[38] 현행 법규에서 성희롱에 대한 금지/처벌 규정은 대부분 직장 내 성희롱을 전제하고 있습니다.

직장 내 성희롱이란 '사업주·상급자 또는 근로자가 직장에서의 지위를 이용하거나 업무와 관련하여 다른 근로자에게 성적 언동 등으로 성적 굴욕감 또는 혐오감을 느끼게 하거나 성적 언동 또는 그 밖의 요구 등에 따르지 아니하였다는 이유로 고용에서 불이익을 주는 것'을 말합니다(남녀고용평등과 일·가정 양립 지원에 관한 법률 제2조제2호).

「남녀고용평등과 일·가정 양립 지원에 관한 법률」에 따라 사업주는 직원들을 대상으로 한 성희롱 예방교육을 실시하여야 하고, 직장 내에서 성희롱을 한 직원을 반드시 징계하여야 하며, 성희롱 피해를 주장하는 근로자에게 어떠한 차별적인 대우나 불이익을 주어서도 안 됩니다. 또한, 업무 수행 과정에서 고객(환자) 등으로 부터 성희롱을 당한 직원이 고충 해소를 요청할 경우 근무 장소 변경, 배치 전환 등 가능한 모든 조치를 취해야 합니다(「남녀고용평등과 일·가정 양립 지원에 관한 법률」 제12조, 제13조, 제 14조, 제14조의 2). 이러한 의무를 위반한 '사업주'는 300만 원에서 1,000만 원의 과태료 부과 처분을 받을

---

38 경범죄처벌법 제3조 제1항 제33호에 '공공장소에서 알몸이나 과다노출로 타인에게 불쾌감을 준 경우'에 처벌할 수 있는 규정이 있습니다.

수 있습니다.[39] 직장 내 성희롱과 관련하여 성희롱의 가해자가 아니라 '사업주'에게 과태료를 부과하도록 규정하고 있음을 명심해야 합니다. 이는 사업주에게 직장 내 성희롱을 방지할 책임이 있다고 보기 때문입니다.

'직장 내 성희롱'의 피해자는 자신의 피해 사실을 즉각 사업주에게 알려 이를 시정할 것을 요구할 수 있습니다.[40] 이와 별도로 성희롱은 민법상 불법행위에 해당함으로 성희롱 가해자에게는 불법행위로 인한 손해배상(민법 제750조)을 청구할 수 있으며, 성희롱이 그 수준을 넘어 성범죄에 이를 경우에는 가해자를 처벌하도록 수사기관에 신고할 수도 있습니다.

성추행이나 성범죄로 나아가지 않은 성희롱에 대한 법 규정은 아직 처벌보다는 예방에 중점을 두고 있는 것으로 보입니다. 그리고 직장 내 성희롱의 경우는 사업주에게 예방과 적절한 사후조치의무가 있음을 명심하셔야 합니다. 따라서 직원들을 대상으로 직장 내에서 업무와 관련하여 성희롱이 일어나지 않도록 철저한 예방교육을 실시하여야 하며, 성희롱 피해자가 있을 경우, 재발방지를 위한 충분

---

[39] 특히, 성희롱 피해를 주장하는 직원을 해고하거나 기타 불리한 조치를 취한 사업주에게는 3년 이하의 징역이나 2천만 원 이하의 벌금에 처할 수 있습니다(「남녀고용평등과 일·가정 양립 지원에 관한 법률」 제 37조 제2항 제2호).
[40] 사업주가 성희롱 예방이나 피해회복을 위한 적절한 조치를 취하지 않는 경우, '지방고용노동관서'나 '국가인권위원회'에 진정할 수 있습니다.

한 조치가 있어야 합니다. 만일 환자 등 외부인에 의한 성희롱 발생 시는 사업주가 이에 대하여 강력히 항의하여 그 즉시 가해자로부터 피해자에게 사과하도록 요구하시고, 그 정도가 지나쳐서 성추행 등에 이를 경우 경찰 등 수사기관이나 관계기관에 적극적으로 신고하실 것을 권해드립니다.

문의하신 원장님의 경우, 소규모 의원 내에서 적은 인원의 직원이 일하는 근무환경 상 성희롱 피해자의 업무장소 변경 등이 쉽지는 않을 것으로 예상됩니다. 그러나 여건이 허락하는 한 작업환경의 개선(CCTV설치, 개방형 진료실 등)을 위한 최선의 노력을 하셔야 합니다. 그리고 의원 내부에 성희롱 예방 및 이에 대한 경고 문구를 부착하시는 것도 좋은 방법입니다. 성희롱은 그 자체도 문제지만 더 큰 성범죄로 비화될 수도 있고, 성희롱에 항의하는 과정에서 다른 폭력이 발생할 수도 있으므로, 미리 주변에 도움을 청할 수 있는 경찰지구대, 이웃 의원 등의 연락처를 숙지하고 계시다가 문제가 생길 경우 즉시 주변에 도움을 요청할 것을 권해드립니다. 또한 어떤 경우라도 원장님께서는 성희롱 피해를 호소하는 직원에 대하여 불이익한 조치를 취해서는 절대 안 됩니다.

Q41 「상가건물임대차보호법」의 적용범위

> 서울 광진구에서 소아과를 경영하고 있는 소아과원장입니다. 2년 전 5층짜리 상가건물 2층에서 임대차 보증금 2억 원, 월임차료 400만 원에 임대차계약을 체결하여 의원을 운영 중입니다. 그런데 지금 저희 의원이 협소해서 다음 달 임대차계약이 끝나는 시점에 맞추어 조금 떨어진 다른 새 건물로 이사를 가려 합니다. 이런 사정을 이야기 드리고 건물 주인에게 재계약 의사가 없다고 말하니 건물 주인이 지금은 돈이 없으니 보증금을 내년에 돌려주겠다고 하며 그 때까지는 계속 의원을 운영해달라고 합니다. 하지만 저의 사정상 당장 다음 달에 이사를 가야하는데 보증금을 내년에 준다니 이를 어찌해야 하나요?

A41 임대보증금 반환문제는 원장님들이 의원을 운영하면서 가장 많이 겪는 문제 중 하나입니다. 상가건물 임차인을 보호하는 기본 법률로서 「상가건물임대차보호법」이 있습니다. 그런

데 「상가건물임대차보호법」은 일정금액 이하의 소액보증금 상인에 대해서만 적용이 됩니다. 2013년 현재 이 법의 적용대상이 되는 소액보증금은 '보증금액[41] 기준 서울특별시: 3억 원 이하, 수도권정비계획법에 의한 과밀억제권역(서울시 제외): 2억 5천만 원 이하, 광역시(과밀억제권역과 군 지역 제외), 안산시, 용인시, 김포시, 광주시: 1억 8천만 원 이하, 기타 지역: 1억 5천만 원 이하'입니다.

「상가건물임대차보호법」의 적용을 받는 임차인의 경우, 임대보증금 입금 후 사업자등록을 마치면 '대항력'[42]이 생기고, 여기에 확정일자까지 받게 되면 '우선변제권'[43]을 취득하게 됩니다. 그런데 대항력이나 우선변제권은 임차인이 해당 건물에서 이사를 가게 되면 상실되게 됩니다. 따라서 임대차계약 종료 후 임대보증금을 지급받지 못한 상태에서 이사를 가게 된 경우를 대비하여 「상가건물임대차보호법」은 '임차권등기명령제도'를 두고 있습니다.

'임차권등기명령제도'는 임대차기간이 끝났음에도 불구하고 임대인이 임대보증금을 반환하지 않을 경우, 임차인이 임대인의 동의 없이 해당 건물에 '임차권등기'를 해 줄 것을 법원에 요청하는 것입니

---

[41] 이때 보증금액은 환산보증금액을 의미합니다. 환산보증금액이란 [{임대보증금+{월임차료×100}]을 한 금액입니다. 예를 들어, 임대보증금 1억 원에 월 임차료 250만 원인 경우, 환산보증금액은 [1억 원 + {250만 원×100}]=3억 5천만 원이 되어, 지역에 관계없이 「상가건물임대차보호법」의 적용대상에서 제외됩니다.
[42] 임대인이 바뀌더라도 새 건물 주인에게 기존 임대차계약상의 권리를 주장할 수 있는 것을 말합니다. 당연히 새 건물 주인에게 '임대보증금반환'도 요청할 수 있습니다.
[43] 임대차건물이 경매 처분되었을 경우, 후순위 권리자에 우선하여 임대보증금을 반환받을 수 있는 권리

다. 원래 부동산에 대한 등기는 소유주의 동의가 있어야 하는데, 임차권등기명령은 소유주(임대인)의 동의 없이 법원의 명령으로 임차인 혼자서 등기를 할 수 있도록 하는 제도입니다. 이를 통해 임차권 등기를 해 놓고 이사를 가게 되면, 대항력과 우선변제권이 유지되어, 건물 주인이 바뀌거나 건물이 경매처리 될 경우에도 그 권리를 보호받을 수 있습니다.[44]

문제는, 「상가건물임대차보호법」의 보호를 받는 임차인은 환산보증금이 일정액 이하인 소액보증금 임차인들에게만 해당한다는 점입니다. 오늘날 지역을 막론하고 대부분의 의료기관들은 이러한 상가임대차보호법의 적용대상을 넘어선 임대차계약을 체결하고 있습니다. 이 경우, 위에서 설명한 ① 대항력, ② 우선변제권, ③ 임차권등기명령제도 등의 혜택을 전혀 볼 수 없습니다. 따라서 의원 임대차계약시에는 반드시, [임대보증금+{월임차료×100}] 한 금액이 '상가임대차보호법'의 보호 범위에 포함되는지를 확인하셔야 합니다. 만일 환산보증금이 이 법의 보호 범위를 넘어설 경우에는, 임대인과 합의하에 별도의 '임차권 등기'[45]를 하시거나, 임대보증금반환을 위한 별도

---

[44] 임차권 등기신청만으로는 대항력이나 우선변제권을 보호받지 못하고 반드시 '임차권등기가 등기부에 기입완료'되어야 대항력과 우선변제권이 발생하므로, 반드시 건물 등기부상에 임차권이 등기되었음을 확인 후 이사 가셔야 불의의 피해를 막을 수 있습니다. (임차권등기명령은 신청 후 등기 기입 완료까지는 2~3주 정도 시간이 소요됩니다)

[45] '임차권등기명령'에 따른 임차권 등기와 달리 '통상의 임차권 등기'는 반드시 임대인의 동의가 있어야 가능합니다.

의 약정(근저당 설정, 담보계약. 채권에 대한 공증 등)을 하셔야만 임대보증금반환채권을 확실하게 보호받을 수 있습니다.

   문의하신 원장님의 경우, 임대보증금은 2억 원이지만 월 임차료가 400만 원이므로, 환산보증금은 [2억+{400만 100}]=6억 원이 됩니다. 따라서 '상가건물임대차보호법'의 적용대상이 되지 않으므로 대항력이나 우선변제권, 임차권등기명령제도 등을 이용할 수 없습니다. 결국 별도의 약정이 없었다면, 원장님께서 건물주인(임대인)에게 요청하여 '임차권등기'를 한 후 이사를 가시거나, 별도의 담보를 요청하시고 이어서 '임대보증금반환청구'의 소를 제기하거나 지급명령을 신청하는 수밖에 없을 것 같습니다. 오늘날 건물을 임차하여 의료기관을 운영하는 원장님들을 보호할 수 있는 충분한 방법이 없는 현실이 매우 안타깝습니다. 임차계약을 체결하시기 전에 미리 임대보증금을 담보할 수 있는 '임차권 등기' 혹은 '근저당 설정'등을 해 두실 것을 강하게 권해드립니다.

Q42 권리금에 대하여

2년 전 대학교 선배가 운영하던 한의원을 인수하여 운영 중입니다. 인수 당시 선배의 임대차계약(임대보증금 1억 원, 월임차료 300만 원)을 그대로 승계하고, 선배에게 권리금으로 2억 원을 지급하였습니다(임대보증금 1억 원과 권리금 2억 원해서 총 3억 원). 그런데 임대인과 재계약을 하고 싶은데, 임대인이 임대차계약이 만료되었다며 명도를 요구하고 있습니다. 임대인은 임대보증금 1억 원을 돌려준다고 하는데, 저는 처음 한의원을 인수할 때 들어간 권리금 2억 원도 받아야 나갈 수 있을 것 같습니다. 제 권리금을 어떻게 하면 받을 수 있을까요?

A42 '권리금'은 상거래시—특히 부동산 임대차계약시—아주 널리 사용되고는 있지만 우리 법률이 인정하고 보호하는 권리는 아닙니다.

통상 '권리금'은 ① 시설권리금, ② 자리권리금, ③ 영업권리금 등으로 나눌 수 있습니다. ① 시설권리금은 인테리어시설 비용이라고 보시면 됩니다. 즉, 새로 임차하는 사람이 종전 임차인이 사용하던 인테리어시설을 그대로 사용하는 경우, 종전 인테리어시설비용에서 연간 일정 비율로 감가상각하고 남은 잔존가치를 지불하는 것이 여기에 해당합니다. 차를 구입할 때 신차보다 중고차를 구입하면 돈을 많이 절약할 수 것처럼, 새로 임차하는 사람이 종전 인테리어시설을 그대로 사용하게 되면, 종전 임차인은 처음 인테리어시설에 들어간 비용을 일부 건질 수 있고, 새 임차인은 인테리어시설을 새로 하는 것보다 비용을 절약할 수 있어 서로 이롭다고 볼 수 있습니다. 주의할 점은 임대차계약이 종료한 후에는 임대인을 상대로 시설권리금을 주장할 수는 없으며, 임대인이 요구할 경우에는 다른 특약이 없으면 민법상 모든 인테리어를 깨끗이 철거하고 임대목적물을 임대인에게 돌려주어야 하므로 시설권리금을 지급할 때는 임대차계약기간, 인테리어의 감가상각율, 잔존가치 등을 꼼꼼히 따져 보아서 금액을 결정해야 합니다. ② 자리권리금(자릿세)은 소위 말하는 '상권 프리미엄'을 가리킵니다. 주로 임대인이 임차인에게 요구하는 것으로, 역세권이나 유동인구가 많아서 상권이 발달한 경우에 임대인이 임차인에게 요구하는 '자릿세'라고 보시면 됩니다. 프리미엄은 임대차 계약 시 임대보증금에 포함시키는 것이 일반적입니다. 그러나 정해진 임대보증금 이외에 별도의 프리미엄을 요구할 때 문제가 되는데, 이 경우 임대보증금이나 그 밖에 임대계약서상에 프리미엄에 대한 내용이 전혀 포함되지 않으므로 임대인에게 그 반환을 주장할 수 없게 됩니다. 따라서 소위 '자릿세', '프리미엄'이라는 이름으로 임대인이 요구하는 돈은 반드시 임대계약서에 그 내용을 포함시켜서 임대차계약 종료 시 되 돌려받을 수 있도록 확실히 해두셔야 합니다. ③ 영업권리금(웃돈)은 가장 일반적인 형태의 권리금입니다. 아직 임대차계약기간이 남아있는 임차인이나, 임대인과 재계약을 할 수 있는 권리를 가진 임차인이 해당 건물에서 영업을 포기하고 다른 사람에게 임차인의 지위를 넘겨줄 때 주고받는 돈입니다. 단골환자나 매출이 많은 곳에서 임차인 지위를 변경할 때 이전 임차인이 향후 벌 수 있는 수익 중 일부를 다음 임차인으로부터 보존 받는 개념이라고 보시면 됩니다. 문제는 영업권리금은 순수하게 "임차인 과 임차인 간의 거래"이므로, 임대인과 임차인간의 임대차계약서에는 그 내용을 명시할 수도 없고, 명시한다고 하더라도 법적인 효력이 없는 경우가 대부분이라는 점입니다. 이 경우 영업권리금을 주고 들어간 임차인은 그 다음 임차인에게 자신의 매출에 따라 영업권리금을 새로이 주장할 수는 있으나, 임대인이나 종전 임차인에게 권리금 반환을 주장할 수는 없습니다.

정리하면, '시설권리금'의 경우, 인테리어 시설을 싸게 양도받는 것이며, 임대차계약 종료 시 이를 철거해야하는 경우가 생길 수 있습니다. '자리권리금'의 경우 반드시 임대차계약서상에 그 내용을 포함시켜야만 임대인에게 반환을 주장할 수 있습니다. '영업권리금'은 통상 말하는 권리금이며, 임대인에게는 이에 대하여 아무런 의무가 없다는 점과 법률적으로 그 누구에게도 주장할 수 없는 돈이라는 점을 주의하시기 바랍니다.

  문의하신 원장님의 경우, 아마도 선배 분에게 시설권리금과 영업권리금 명목으로 2억 원을 지급하신 것으로 보입니다. 시설권리금의 경우, 새 임차인이 인테리어를 그대로 이용하시겠다고 하면, 일부 감가상각된 나머지 비용을 받을 수 있을 것으로 보입니다. 그러나 문의하신 것처럼 임대인이 명도를 요구할 경우, 계약서상 다른 특약이 없다면 해당 인테리어를 철거하시고 임대인에게 돌려주어야 할 것으로 판단됩니다. 영업권리금의 경우, 임대인과는 아무 관계가 없으므로 임대인에게 이를 주장하는 것은 어려울 것으로 보입니다. 권리금은 원칙적으로 법적으로 보호받지 못하는 돈이라는 점에 유의하시고, 권리금을 요구받았을 경우 원장님들께서 임대차계약기간 중 해당 권리금 이상의 이익을 충분히 남길 수 있다는 확신이 있을 때만 지급하실 것을 권해드립니다.

Q43
업무 방해에 대한 대처법 1

서울 중랑구에서 치과를 운영하고 있습니다. 지난달에 저희 치과에서 신경치료를 받고 계시던 환자 분께서 '진료 후 통증이 더 심해졌다', '진료비를 돌려달라'며 항의를 하셨습니다. 신경치료 중에는 약간 통증이 지속될 수 있다는 점을 충분히 설명하고 정상적인 진료 과정임을 확인시켜 드렸음에도, 진료비를 돌려달라며 하루 종일 치과에서 진료를 방해하였습니다. 제 환자 분이라 어찌지도 못하고 그냥 계속 달래기만 했는데요, 이틀이 멀다하고 저희 치과에서 소동을 피우며, 심지어 저희 간호사에게는 신변에 위협이 되는 말마저 서슴지 않는 통에 치과진료에 큰 차질을 빚고 있습니다. 저와 저희 직원들의 인내도 한계가 있고 더 이상 참는 것도 방법이 아니라는 생각이 드네요. 이런 경우, 법적으로 저의 진료를 방해하지 못하도록 하는 방법은 없을까요?

A43 의원은 의사와 환자가 신뢰를 바탕으로 하여 환자의 요구에 대하여 적절한 진료서비스를 제공하고 진료비를 받는 엄연한 사업장입니다. 따라서 누구든지 의원에서 의사와 의료관계자의 진료를 방해하는 행위를 하게 되면 '업무방해'에 해당합니다.

형법 제314조 제1항의 '업무방해죄'는 허위사실을 유포하거나, 위계·위력으로써 사람의 업무를 방해함으로써 성립하는 범죄입니다. 업무방해죄의 구성요건인 위력이란 '유형적 무형적이든 묻지 아니하며 사람의 의사를 제압하거나 혼란케 할 말한 일체의 세력'을 말하며, 우리 판례도 음식점이나 다방에서 고함을 지르거나 난동을 부린 경우 업무방해죄를 인정하고 있습니다(대법원 1999.5.28. 선고 99도495 판결). 또한, 업무를 방해한다 함은 '업무의 집행 자체를 방해하는 경우뿐 아니라 업무의 경영을 저해하는 것도 포함'한다는 것이 우리 법원의 일관된 태도입니다.

따라서 이유를 막론하고 특정 의원에 대한 허위사실을 유포하거나, 의원건물 내외부에서 소란을 피워 의원 경영을 방해하는 경우, 형법상 '업무방해죄'에 해당할 수 있습니다.

형법 제319조 제1항과 제2항은 '주거침입죄'와 '퇴거불응죄'에 대하여 규정하고 있습니다. '주거침입죄'는 사람의 주거, 관리하는 건조물 등에 무단으로 침입하였을 때 성립하는 범죄이며, '퇴거불응죄'는 주거침입을 한 자에 대하여 그 침입 장소에서 퇴거요구를 받고도 이에

응하지 않은 경우 성립하는 범죄입니다. 우리 판례는 일반인의 출입이 허용된 곳이라 할지라도 영업주의 명시적 또는 추정적 의사에 반하여 들어간 것이라면 주거침입죄가 성립한다고 보고 있습니다(대법원 1997.3.28. 선고 95도2674 판결). 따라서 누군가 소란을 피울 목적으로 의원에 들어온다면, 원장님들이 출입을 허용하지 않는 한 주거침입죄가 성립할 가능성이 있고, 이때 원장님이 나가달라는 명시적인 의사표현에도 상대방이 나가지 않는다면 퇴거불응죄가 성립할 수 있습니다. 주의하실 점은 의원은 환자(특히 진료 받던 환자)라면 자유롭게 출입이 가능한 곳이므로, 주거침입죄가 성립하려면 환자가 소란을 피웠다는 사실만으로는 부족하고 환자가 소란을 피울 목적으로 들어온 점이 입증되어야 합니다.

기본적으로, 의원에서 소란을 피우거나 난동을 피워 진료를 방해할 경우 위의 범죄에 해당할 것으로 판단됩니다. 그런데 그 정도가 지나쳐서 의원관계자들의 명예를 훼손하거나 협박으로 나아가는 경우도 있으므로 이에 대하여도 살펴보겠습니다.

형법 제307조 '명예훼손죄'는 '공연히 사실을 적시하거나, 또는 허위사실을 적시하여 타인의 명예를 훼손하는 범죄'입니다. 여기서 '공연히'란 것은 '불특정 또는 다수인이 인식할 수 있는 상태'를 의미하며, 우리 판례는 다른 사람들에게 널리 알려질 가능성(전파가능성)이 있는 한, 단 한 사람에만 사실을 유포하더라도 공연성을 인정하고 있습니다. 따라서 진료에 불만이 있는 사람이 다른 사람에게 원장님이나 의원관계자들에 대한 명예를 훼손하는 발언[46]을 한 경우 '명예훼손죄'에 해당할 수 있습니다.

형법 제283조 '협박죄'는 사람을 협박함으로써 성립하는 범죄입니다. 여기서 협박이란 "해악을 고지하여 상대방에게 '공포심'을 느끼게 하는 것"을 말합니다. 따라서 항의를 넘어서 누군가 원장님이나 의원관계자들이 공포심을 느낄 만큼 해악(심하게 해코지하겠다는 언동)을 가한다면, '협박죄'에 해당할 가능성이 있습니다.

이상의 내용들은, 의원에서 원장님이나 직원들의 진료를 심하게 방해하는 경우 그 방해하는 사람들에게 물을 수 있는 형사적인 책임들을 정리한 것입니다. 위와 같은 내용들은 어느 경우에 어떤 범죄가 성립하는지 정도는 원장님들이 반드시 알고 계셔야 할 내용입니다. 그러나 실제 위와 같은 내용으로 상대방에게 형사책임을 물을 경우에는, 고소라는 절차를 거쳐야 하고 고소과정에서 실수 등이 있을 수 있습니다. 또한, 고소 이후에는 환자와의 관계가 돌이킬 수 없을 만큼 악화될 수 도 있으므로, 위의 내용을 알고는 계시되 실제 고소 등을 통해 문제를 해결할지 여부는 변호사와 상의하신 후 신

---

[46] '명예훼손죄'에서 유포되는 내용은 사실여부와 관계가 없습니다. 허위사실일 경우에 진정한 사실을 유포하는 경우보다 형량이 더 높아질 뿐입니다. 중요한 점은, '명예가 훼손될 만한 내용'인가 하는 점입니다.

중하게 결정하실 것을 권해드립니다. 통상 고소 자체는 변호사의 도움이 크게 필요하지 않습니다. 수사기관에 가서 말로 할 수도 있고, 직접 서면으로 제출하셔도 됩니다. 그보다 고소할지 여부, 고소 이후의 상대방과 관계악화, 향후 대처법 등이 더욱 중요하며 이 때문에 고소하시기 전에는 꼭 변호사와 상의하셔서 합리적인 문제해결 방법에 대한 조언을 구하는 것이 필요합니다.

한 가지 덧붙여, 고소에 이르게 된 경우, 그 상대방이 의원에 찾아와서 또 다른 해코지를 할까봐 걱정될 수 있습니다. 이런 경우에 대비하여 우리 법은 '접근금지가처분' 제도를 마련해두고 있습니다. '접근금지가처분' 신청은 상대방이 나의 집과 직장 등으로부터 일정거리 이상 접근하지 못하도록 해달라고 법원에 하는 신청입니다. '접근금지가처분'은 '형사적인 접근금지가처분'과 '민사적인 접근금지가처분'이 있는데, 영업방해와 그로 인한 고소 등이 문제가 된 경우는 일반인의 예상과 달리 '민사적인 접근금지가처분'[47]으로 절차가 진행됩니다.

문의하신 원장님의 경우 심적으로 매우 고통스러울 것이라고 생각합니다. 문의하신 내용에서 반복적으로 치과의원에 와서 진료를 방해한 것으로 보

---

[47] '형사적인 접근금지가처분'은 오직 '검사'만이 신청할 수 있고, 성폭력가해자, 가정폭력가해자 등으로 그 대상이 제한되어 있습니다. '민사적인 접근금지가처분'은 '평온한 사생활을 침입 받을 우려가 있는 경우'를 대상으로 하고 있으며 일반 개인이 신청할 수 있습니다.

아 '업무방해죄', '주거침입죄', '퇴거불응죄' 등이 성립할 것으로 보입니다. 그러나 이런 죄가 성립한다고 하여 곧바로 고소절차를 밟는 것은 바람직하지 않아 보입니다. 환자와의 관계가 악화되는 등의 우려가 있으므로, 환자 분과 지속적으로 대화하시면서 문제해결을 모색해 보시다가, 도저히 문제가 해결되지 않으면 1차적으로 환자 분에게 위와 같은 죄가 성립할 수 있음을 경고하시고, 그래도 문제가 반복되면 고소절차와 접근금지가처분신청에 대하여 변호사와 상의해 보실 것을 권해드립니다.

Q44 '업무 방해'에 대한 대처법 2

> 얼마 전 진료비 환불을 요구하며 심한 욕설을 하는 환자가 있었습니다. 그때 그 상황을 녹음해 두고 싶었는데, 혹시 무단으로 녹음하는 것이 문제가 될 것 같아서 녹음하지 않았습니다. 저희 병원 CCTV는 영상만 녹화될 뿐 음성녹음은 안되는지라 그 상황을 입증할 방법이 없네요. 업무를 심하게 방해하는 사람이 있을 때, 그 상황을 입증할 수 있는 방법이 없을까요?

A44 '업무방해'가 있을 경우, 위에서 말씀드린 것처럼 우선은 대화로 해결하시는 것이 가장 바람직합니다. 그러나 부득이하게 업무방해 등의 혐의로 형사고소 하게 되면 그 사실에 대하여 고소인인 원장님께서 증거자료를 함께 제출하셔야 합니다. 따라서 고소여부를 떠나 업무방해가 있을 때 그 상황을 입증할 수 있는 증거자료들은 미리 확보해 두시는 편이 안전합니다.

요즘 대부분의 의료기관에는 CCTV가 설치되어 있습니다. CCTV는 의료기관 내에서 벌어지는 상황을 실시간으로 모두 녹화하므로, 만일 의원에서 물건을 던지거나 폭력을 행사하는 사람이 있을 경우 이를 입증하는 데 매우 중요한 증거자료가 될 수 있습니다.[48] 그런데 「개인정보보호법」 제25조에 따라 CCTV는 법령이 허용하는 장소에 설치할 수 있으나 녹음기능은 사용할 수 없도록 엄격히 금지되어 있습니다. 따라서 욕설을 하거나 협박을 하는 상황을 CCTV 등으로 입증하는 데는 어려움이 있습니다. 이런 경우 직접 상대방의 욕설이나 협박 등을 녹취(녹음과 청취)하는 수밖에 없습니다.

보통 다른 사람의 동의 없이 상대방의 목소리나 대화를 녹취하면 불법이 아닌가 하는 의구심을 많이 가집니다. 그런데 상대방과 대화 중 몰래 녹취한다고 하여도 죄가 되지는 않으며, 형사상/민사상 모두 유효한 증거자료로 사용할 수 있습니다. 단, 이때 허용되는 녹취는 대화의 당사자가 자신이 참가한 대화를 상대방 몰래 녹취한 경우만 허용이 되며, 대화에 참가하지 않은 제3자가 대화자들 몰래 녹취하거나 대화자 중 일부에게만 허락을 받고 녹취하는 것은 「통신비밀보호법」 위반이 되는 범죄행위이니 유의하셔야 합니다. 또한, 휴대전화의 대화를 녹음하는 경우, 녹음이 허용된다고 하여 그 내용

---

[48] 단, 의료기간 내부에 CCTV가 설치되어 있다는 안내문(설치 및 운영자, 운영시간, 녹화되는 장소와 범위를 명시)을 반드시 붙여놓으셔야 합니다.

의 유포까지 허용되는 것은 아닙니다. 따라서 스피커폰기능을 이용하여 상대방 몰래 제3자가 대화내용을 엿들을 수 있도록 하는 것은 바람직하지 않으며 경우에 따라 명예훼손 등 형사책임과 민사상 손해배상책임을 질 수도 있으니 유의바랍니다.

최근 사진이나 동영상촬영기능이 있는 휴대전화의 보급으로 사진이나 동영상촬영이 매우 쉬워졌습니다. 원칙적으로 타인의 허락 없이 사진을 찍거나 동영상을 촬영하는 행위는 금지되어 있습니다. 단, 범죄현장을 촬영하거나 범죄로부터 스스로를 보호하기 위해 촬영하는 것은 정당성이 인정되어서 형사적으로 문제가 되지 않습니다. 그런데 의료기관에서 환자가 항의하는 경우, 업무방해와 정당한 항의의 경계가 애매한 경우가 흔히 있습니다. 따라서 명백한 범죄행위(예를 들어, 폭력을 행사하는 경우)가 없는 경우나 범죄행위여부가 불분명(예를 들어, 고성으로 진료실에서 항의하는 것)한 경우, 휴대전화를 이용해서 사진이나 동영상을 촬영하시는 것은 주의를 요합니다.

음성녹음, 동영상 등 업무방해를 입증할 만한 마땅한 자료가 없을 경우에는 당시 그 상황을 목격한 사람들로부터 '사실확인서'를 받아두시는 것이 좋습니다. 사실확인서는 특별한 양식은 없으며, 작성한 사람, 작성한 날짜를 명시해 두시고 당시 상황에 대해 작성자가 직접 경험한 사실을 적으면 됩니다. 가급적이면 작성한 사람의 신분증 사본을 함께 첨부하시면 좋습니다.

문의하신 원장님의 경우, 현재 업무방해를 입증할 자료가 없으시다면, 당시 현장에 있었던 직원이나 환자들로부터 사실확인서를 받아두시는 것이 좋을 것 같습니다. 그런데 직원의 경우는 원장님과 고용관계에 있기 때문에 수사기관이나 법원으로부터 진실성을 인정받지 못할 개연성이 있습니다. 향후 이런 일이 생길 경우에는 휴대전화의 녹음기능을 이용해서 업무를 방해하는 환자와의 대화를 녹음해 두실 것을 권해드립니다. 더불어 환자의 업무방해가 도를 넘어 폭력행사 등 범죄행위로 나아갈 경우는 동영상촬영을 통해 증거를 남기시는 것도 한 가지 방법입니다.

주의

원장님들 입장에서 업무방해라 여기는 경우, 실제 업무방해죄가 성립하지 않고 환자의 정당한 항의인 경우가 종종 있습니다. 따라서 증거를 남긴다고 함부로 동영상을 촬영하는 것은 바람직하지 않습니다(동영상 촬영은 원칙적으로 금지되어 있으므로). 이 문제는 정말 Case by Case이므로 원론적인 설명에 그칠 수밖에 없는 점, 양해 부탁드립니다.

Q45 내용증명우편에 대하여

> 화곡동에서 성형외과를 운영 중인 개원의입니다. 얼마 전 예전에 코 성형 수술을 받은 환자로부터 다음과 같은 우편물을 받았습니다. 읽어보니 겁부터 나는데요. 어떻게 해야 하나요.

A45 '내용증명우편'이란 '보내는 사람이 받는 사람에게 특정 날짜에 이런 내용의 문서를 발송했음을 우체국이 증명하는 등기우편제도'입니다. 흔히, '내용증명'이라는 말 때문에, 이 서류가 '그 속에 있는 내용이 사실임을 입증해주는 것'으로 오해하는 경우가 많습니다. 그리고 이런 오해를 일으킬 의도를 가지고 상대방에게 내용증명우편을 보내는 경우도 종종 있습니다. 하지만, 내용증명우편은 '내용이 사실임을 입증해주는 것'이 아니라, '누가 어떤 내용으로 누구에게 언제 **주장했는지를 입증**하는 것'에 불과합니다. 법률분쟁 시 특정 내용을 상대방에게 언제 주장했는지가 문제가 되는 경우가 있

> ## 내용 증명
>
> 발신인: ○○○
>
> 수신인: □□□(서울 화곡동 ×××번지 □□ 성형외과 원장)
>
> 발신인의 대리인은 다음과 같은 사실을 확인합니다.
>
> ### 다 음
>
> 1. 발신인은 수신인으로부터 2013. 11. 3.일 코 성형 수술을 받은 사실이 있다.
> 2. 위 수술로 인하여 발신인은 숨쉬기가 곤란해지는 등 부작용이 생긴 바 이는 전적으로 수신인의 진료과실에 기인한다.
> 3. 따라서 수신인은 자신의 과실에 대하여 형사상/민사상 책임이 있음을 확인한다.
>
> 2014. 2. 1
>
> 위 발신인의 대리인
> 변호사 김 아무개

습니다. 예를 들어, 채권을 제3자에게 양도할 때는 반드시 채무자에게 통지해야 하는데 전화로 통지할 경우 채무자가 그런 전화 받은 적 없다고 주장해 버리면 채권양도의 효력을 주장할 수 없습니다. 이런 경우 채권자가 '채권을 제3자에게 양도한다는 내용'의 내용증명 우편을 채무자에게 보내게 되면, 채무자가 내용증명우편을 받은 날짜에 위 우편의 내용(제3자에게 채권을 양도한다는 주장)에 대하여 통지받았다는 사실이 입증되므로 채권양도의 효력을 주장할 수 있게 됩니다. 따라서 법률적 분쟁이 발생했을 때, 어떤 사실을 주장했느냐 여부 또는 언제 주장했느냐 하는 것 등이 문제가 될 경우 내용증명우편은 중요한 증거자료로 사용될 수 있습니다.

그러나 내용증명우편의 역할은 여기까지입니다. 내용증명은 보내는 사람의 일방적인 주장일 뿐, 그 자체로 어떠한 법률적 효력이 생기거나 권리가 확정되는 것은 아니며, 그에 대하여 답하지 않았다고 하여 그 내용을 수신자가 인정한다는 의미도 아닙니다. 따라서 내용증명우편을 받았을 때는 그 내용이 사실이 아니면 사실이 아니라고 반박하는 내용의 내용증명우편을 보내서도 되고, 굳이 반박해야 할 이유가 없는 경우라면 반박하지 않아도 상관없습니다(사안에 따라, 내용증명은 소송에서 매우 중요한 증거자료가 되기도 하지만, 아무 의미 없는 일방적인 주장 그 이상의 역할을 하지 못하는 경우도 많이 있습니다).

문의하신 원장님의 경우, 환자 분의 대리인(변호사)이 내용증명우편을 보낸 것으로 보입니다. 일단, 내용증명이 법률문서의 양식을 갖추고 있으나 이는 원장님을 심리적으로 압박하기 위한 것으로 보입니다. 사실 이처럼 그럴싸한 법률문서양식을 갖춘 내용증명을 받으면 변호사인 저도 일단 긴장하게 됩니다. 원장님께서도 상당히 놀라셨으리라 짐작이 되네요. 그럼 문의하신 내용증명우편을 한번 보도록 하죠. 여기에서 '전적으로 수신인의 진료과실에 기인한다', '형사상/민사상 책임 있음을 확인한다'는 것은 상대방의 일방적 주장에 불과합니다. 이런 말로 내용증명을 보낸다고 해서 이것이 사실로 굳어지는 것도 아니고, 법원에서 이를 사실로 인정한다는 것은 더더욱 아닙니다. 원장님께서는 '상대방이 이렇게 주장하는구나'라고 생각만 하시면 됩니다. '내 잘못이 아니다', '너의 주장이 틀렸다'라는 내용의 반박 내용증명을 보내셔도 되고, 굳이 그럴 필요가 없다 생각되시면 답변을 보내시지 않으셔도 될 것으로 보입니다. 다만, 만일 상대방이 거짓주장을 할 경우에는 그것이 거짓임을 확인하는 내용증명을 보내는 것이 좋습니다. 위 편지에서 2013년 11월 3일에 코 수술을 받은 사실이 없다면, 수술 받은 적이 없다는 내용증명을 보내두는 것이 좋습니다.

> **주의**
>
> 단순히 겁을 주기 위한 것이거나 법률적으로 효력 있는 것처럼 보이려고 내용증명우편을 보내는 경우가 종종 있습니다. 또한 내용증명우편은 상대방을 도발하여 상대방으로부터 자백이나 실수가 담긴 답변을 유발하기 위해서 보내는 경우도 있습니다. 따라서 내용증명우편을 받았을 경우에는 절대 겁을 먹지 마시고, '상대방이 이러이러한 주장을 하는구나. 내가 오늘 이런 주장에 대하여 통지를 받았구나'라고 생각하시고, 그에 대하여 차분히 대응을 준비하시면 됩니다. 다시 말씀 드리지만, 내용증명 자체가 어떤 권리를 입증해주는 것은 아니고, 단지 상대방의 주장을 전달해 주는 것뿐임을 꼭 기억하시기 바랍니다.

Q46
알아두면 도움 되는 민사소송 절차

> 민사소송은 어떻게 진행되나요?

A46 '민사소송'은 개인과 개인 간에 생긴 사생활/사경제 문제에 대하여 법원을 통해 분쟁을 해결하는 절차입니다. 예를 들어, A라는 사람이 B라는 사람에게 1,000만 원의 돈을 빌려주었는데 갚기로 한 날짜가 지나도 B가 이를 갚지 않고 있는 상황을 가정해 봅시다. 이 경우 A가 법원에 소를 제기하면서 민사소송이 시작됩니다.

1. 용어정리

-원고: 민사소송에서 '소를 제기한 사람'

-피고[49]: 민사소송에서 '소를 제기당한 사람'

-청구취지: 원고가 피고를 상대로 청구하는 내용

('B는 A에게 돈을 갚으라는 판결을 원합니다.')

-청구원인: 청구하는 이유

('20××년 ××월 ××일에 B가 A로부터 돈을 빌려갔으나, 갚기로 한 날짜가 지나도록 돈을 갚지 않고 있습니다.')

-입증방법: 청구에 대한 증거자료

('A와 B 사이의 차용증')

2. 민사소송 진행 절차

① 소 제기(소장 제출): 원고(A)가 B를 피고로 지정하여 법원에 소장을 제출합니다.[50] 소장에는 원고와 피고, 청구취지, 청구원인, 입증방법 등을 적고, 입증방법에서 제시한 증거자료들을 첨부하시면 됩니다. 이때 청구하는 금액에 따라 인지대와 송달료도 같이 납부하셔야 합니다.

---

[49] 형사소송에서 범죄혐의가 있다고 판단되어 검사로부터 기소당한 사람을 "피고인"이라고 지칭합니다. 간혹 피고와 피고인에 대해 방송이나 영화에서도 이 둘을 혼동 하는 경우가 있으나, 이 둘은 전혀 다른 개념입니다. 민사는 '피고', 형사는 '피고인'

[50] 재판장에게 제출하는 소장을 소장원본이라고 합니다. 그런데 소장원본과 동일한 내용을 피고에게도 함께 보내야 하므로, 소장 제출시는 원본과 부본을 함께 법원에 제출하여야 합니다. 소장부본은 피고의 수만큼 준비하셔서 제출하시면 됩니다.

② 보전처분: '보전처분'이란, 피고의 재산을 보전하기 위한 가압류나 가처분 절차를 말합니다. 만일 B가 소송 진행 중에 자신의 재산을 모두 매각/은닉해 버리면 A는 소송에서 이기더라도 B로부터 돈을 돌려받지 못할 가능성이 있습니다. 따라서 소송이 끝날 때까지 B가 자신의 재산을 임의로 매각/은닉할 수 없도록 묶어두는 절차가 보전처분입니다. A의 경우처럼 청구하는 것이 '금전이나 이와 관련된 채권'이라면 B의 재산에 대하여 '가압류'[51]를 신청하셔야 하며, 만일 '금전 이외의 권리'[52]라면 가압류 대신 '가처분'[53]을 신청하셔야 합니다. 보전처분은 본안의 소(위의 ①에서 제기한 소를 '본안의 소'라 합니다)와 별도의 절차이지만, 본안의 소 제기와 함께 진행하셔야만 승소 시 원하는 결과를 얻을 수 있습니다.

③ 소장부본[54] 송달: A가 법원에 소장원본과 부본을 함께 제출하면, 법원은 소장부본을 피고에게 우편으로 보내게 됩니다. 이를 소장부본 송달이라고 합니다.

---

51 가압류는 '부동산가압류', '채권가압류', '예금가압류' 등 금전적 가치가 있는 피고의 재산을 상대로 합니다.
52 예를 들어 '임대계약이 끝났으니 우리 집에서 나가달라'는 '부동산 명도청구'등이 이에 해당합니다.
53 부동산을 처분(매매, 근저당설정 등)하지 못하도록 하는 '부동산 처분금지 가처분'등이 있습니다. 가처분은 가압류와 달리 금전이외의 권리일 때 하게 되므로, 청구할 수 있는 권리의 종류가 다양한 만큼 가처분도 그 종류가 매우 다양합니다.
54 법원에 제출하는 서면은 상대방도 볼 수 있도록 동일한 서면을 함께 제출해야 합니다. 이때 판사가 보는 서면을 '원본', 상대방이 볼 수 있도록 제출하는 서면을 '부본'이라고 합니다.

④ 답변서 제출: B가 법원으로부터 소장부본을 송달받게 되면, 1달 이내로 법원에 '답변서'를 제출하여야 합니다. 답변서는 원고(A)의 주장과 증거에 대한 피고(B)의 반박이라 보시면 됩니다. 만일 B가 돈을 빌린 사실이 없으면, 'A로부터 돈을 빌린 적이 없다'라는 취지의 답변서를 보내면 됩니다(이를 '부인'이라고 합니다). 그리고 B가 돈을 빌린 사실은 있지만 이미 갚았다면, 'A로부터 돈을 빌린 사실은 있지만, 언제언제 다 갚았다'라는 취지의 답변서를 보내면 됩니다(이를 '항변'이라고 합니다).[55] 답변서의 내용을 뒷받침하는 증거자료를 첨부하여, 답변서원본과 부본을 법원에 제출하시면 됩니다.

⑤ 준비서면: 법원이 B의 답변서를 제출받으면, 법원은 답변서부본을 A에게 송달합니다. A는 답변서의 내용에 대해서 재반박하는 '준비서면'을 제출할 수 있고, B 역시도 A의 '준비서면'에 대하여 재재반박하는 '준비서면'을 제출할 수 있습니다. 이처럼, 처음 원고(A)가 제출하는 서면이 '소장', 피고(B)가 제출하는 서면이 '답변서'이며, 이후 제출하는 서면은 원고 피고 구분 없이 모두 '준비서면'이라 지칭합니다. 준비서면은 항상 원본과 부본을 함께 제출해야 하며, 증거자료

---

[55] '부인'은 상대방 주장이 애초에 잘 못 되었다라는 것이며, '항변'은 상대방이 주장하는 사실은 맞지만, 이와 양립할 수 있는 별도의 주장을 통해 상대방의 청구가 이유 없다고 하는 것입니다. 부인과 항변이 중요한 이유는 만일 피고가 '부인'할 경우에는 '원고가 자신의 주장사실을 입증'해야 하지만, 피고가 '항변'할 경우에는 '피고 자신이 항변하는 사실을 입증'해야 한다는 점입니다. 민사소송은 결국 누구에게 입증책임이 있는지가 매우 중요하므로 부인과 항변의 차이점을 잘 이해하는 것이 필요합니다.

를 첨부하셔도 됩니다.

⑥ 변론기일: 소장 →답변서 → 준비서면 공방 등의 절차가 진행되면, 법원은 양 당사자를 법정에 불러서 그 주장을 직접 듣게 됩니다. 이처럼 원고와 피고가 법정에 함께 모여서 재판장 앞에서 진술하는 날짜를 '변론기일'이라고 하며, 통상 우리가 '오늘 재판 열린다'라고 할 때는 이 '변론기일'을 의미합니다. 변론기일은 한 번 열릴 수도 있고, 여러 번 열릴 수도 있습니다. 변론기일 전에 '준비서면'을 제출하고 변론기일에 원고와 피고가 주장을 주고받는 과정을 되풀이하게 됩니다.

⑦ 조정절차: 법원의 잣대로 문제를 해결하기 보다는 양당사자가 조금씩 양보하여 문제를 해결하는 것이 바람직한 경우가 많습니다. 이를 위해 법원은 '조정기일'을 열어서 양당사자가 상호 양보하여 화해할 수 있는 기회를 제공할 수 있습니다. 조정에는 '임의조정'과 '강제조정'이 있는데, 임의조정은 판사 앞에서 양당사자가 원만히 합의하여 '조정조서'를 작성하는 것을 말하고, 강제조정은 판사 직권으로 조정안을 만들어 양당사자에게 합의할 것을 권고하는 것입니다. 강제조정에 이의가 있으면 2주 이내에 이의신청을 하면 다시 이전의 재판 진행 상태로 돌아갑니다. 임의조정이 성립되거나 강제조정에 대해 쌍방이 2주 이내에 이의신청을 하지 않는 경우 '조정조서'는 확정판결과 같은 효력이 발생합니다.

⑧ 결심 및 선고: 변론기일을 통해 A와 B의 모든 주장과 입증이 끝나면(그리고, 조정도 이루어지지 않게 되면) 변론을 모두 종결합니다. 변론 종결을 흔히 '결심[56]한다'라고 표현하며, 결심 때 보통 2~4주 후로 '선고기일'을 정하게 됩니다. 선고기일에는 재판장님이 판결문을 낭독하며 판결을 선고하게 되고, 이 판결문은 원고(A)와 피고(B)에게 각각 송달됩니다.

⑨ 참고서면과 변론재개신청: 결심을 하고 나면, 더 이상 '준비서면'을 제출하지 못합니다. 그러나 경우에 따라서, 새로운 증거가 나오거나 새로운 주장이 있을 수도 있습니다. 만일 그 새로운 증거나 주장이 중요한 내용이라서 변론기일을 새로 열어야 할 경우는 법원에 '변론재개신청'을 하여 새로 변론기일을 지정할 수 있습니다. 그리고 법원에 할 이야기는 있으나 변론기일을 재개할 만큼 중요한 사항이 아니라고 판단되면, 선고기일 전에 '참고서면'[57]을 제출해서서 법원에 대하여 마지막으로 하고 싶은 말을 전달할 수도 있습니다.

⑩ 항소와 가집행정지신청: 선고가 끝나면, 1심 재판절차가 모두 마무리됩니다. 만일 1심 결과에 불복한다면, 판결문을 송달 받은 날

---

56 결심은 마지막 변론기일이라고 생각하시면 됩니다.
57 참고서면은 부본이 필요하지 않습니다. 법원에 한부만 보내셔도 상관없습니다.

로부터 2주 이내에 '판결을 선고한 1심 법원'에 항소장을 제출하면 됩니다. 항소는 2심 재판이지만 항소장 제출은 반드시 1심 판결을 선고한 법원에 제출해야 하는 점 유의하셔야 합니다. 한 가지 더, 1심 판결에 보면, 금전지급이나 건물인도청구 같은 경우 '가집행을 할 수 있다'는 내용의 판결이 포함되는 경우가 많습니다. 항소를 하게 되면, '1심 판결이 선고되었을 뿐, 판결이 확정되는 것은 아닙니다.' 그러나 판결이 확정되지 않더라도 가집행판결만으로 금전지급이나 부동산 인도 등의 가집행은 가능하므로, 항소하실 때는 반드시 '가집행정지 신청'도 함께 하셔야 가집행을 저지할 수 있습니다. 반대로 원고의 경우, 1심에서 승소하였을 때는 피고가 가집행정지신청을 하기 전에 빠르게 가집행절차를 진행하는 것이 유리합니다. 결국, 항소는 전략과 더불어 신속한 움직임이 필요합니다.

⑪ 판결확정과 강제집행: 항소기간 만료 시까지 항소하지 않거나, 항소심 및 대법원의 상고심까지 모두 끝나면 판결이 확정됩니다. 판결이 확정되면, 판결문을 집행권원으로 해서 피고의 재산에 대하여 '강제집행'할 수 있습니다. 미리 피고의 재산에 대하여 가압류를 신청해 둔 경우, 확정된 판결문을 통해 강제집행(부동산 경매, 채권 압류 및 추심/ 전부 등)을 진행하시면 민사소송 절차가 모두 마무리됩니다.

주의

소송절차는 크게 '민사소송 절차', '형사소송 절차', '행정소송 절차', '가사소송 절차'로 나누어집니다. 행정소송 절차와 가사소송 절차는 민사소송 절차를 근간으로 구성되어 있으므로 민사소송 절차를 정확히 이해하고 있으면 그 용어와 절차를 이해하는 데 큰 어려움이 없습니다.

한편, 형사소송 절차는 민사소송과는 절차가 크게 다르고, 사용하는 용어에서도 차이가 많이 납니다. 또한 민사소송 절차와는 달리 변호사의 도움 없이 절차를 진행하는 것은 사실상 불가능합니다. 어설프게 형사소송 절차를 소개하는 것은 선무당(저자)이 사람(독자)잡는 꼴이 되지 않을까하는 염려에 이 책에서는 이를 생략합니다. 형사적인 문제가 생겼을 경우에는 가능한 신속하게 변호사의 조력을 받으실 것을 권해드립니다.

Q47 알아두면 도움 되는 지급명령제도

> 양쪽 눈 쌍꺼풀과 코 성형수술을 한 환자가 수술 후 몇 달이 지나도록 수술비를 지급하지 않고 있습니다. 수술비는 500만 원 가량 되는데, 그냥 포기하자니 큰돈이고, 변호사를 선임해서 소송을 하려니 배보다 배꼽이 더 커질 것 같네요. 이러지도 저러지도 못하고 있어요. 현명한 조언 부탁드릴게요.

A47 민사소송절차는 원칙적으로 변호사강제주의가 적용되지 않습니다. 하지만 복잡한 절차와 전문적인 용어로 인해 변호사의 도움 없이 소송을 진행하는 것이 생각처럼 쉬운 일은 아닙니다. 또한, 청구금액이 적다고 해서 소송절차까지 단순해지는 것도 아니어서 변호사비용을 낮추는 것에도 한계가 있습니다. 이러한 점 때문에 수 십 만 원에서 많아야 천만 원 안팎의 소액사건에서 있어서 여전히 변호사 사무실의 문턱은 높을 수밖에 없는 것이 현실입니다.

이처럼, 변호사를 선임하기에는 애매하고, 그렇다고 복잡한 소송절차를 혼자 진행하기도 어려울 때 도움 될 수 있는 제도가 '지급명령제도'입니다.

지급명령제도는 금전채권[58]에 대하여 채무자를 상대로 법원에 그 지급을 명령해 줄 것을 신청하면, 법원이 **채무자에게 대한 심문절차 없이** 지급명령을 결정하고 그 결정문을 채무자에게 통지하는 제도입니다(민사소송법 제462조에서 제474조 독촉절차). 지급명령결정문을 송달받은 채무자가 2주 내에 이의신청을 하지 않으면 지급명령은 그대로 확정판결과 동일한 효력이 있습니다. (단, 채무자가 이의신청하면 즉시 일반 민사소송절차로 전환됩니다)

지급명령제도는 일반민사소송에 비해 인지대(청구금액에 따라 법원에 지급하는 소송비용의 하나)가 10분의 1에 불과하고, 송달료도 3분의 1 정도 밖에 되지 않으므로 채권자입장에서는 소송비용을 크게 절감할 수 있습니다. 또한 채무자에 대한 심문절차 없이 채권자의 신청만으로 절차가 마무리되므로 변호사의 도움 없이도 신청이 용이하고 채무자의 이의신청이 없다면 매우 빠르게 그 절차를 마무리할 수 있다는 장점이 있습니다.

---

[58] 정확히는 '금전, 그 밖에 대체물(代替物)이나 유가증권'입니다.

그러나 채무자가 이의신청을 하게 되면, 일반소송절차로 전환되므로 오히려 소송기간이 늘어나는 단점이 있을 수 있으므로, 항상 채권자에게 유리하기만 한 제도는 아닙니다. 결국 지급명령제도는 채무자의 이의신청이 없을 때 효과가 있는 제도이므로 채권자의 입장에서 ① 채무자가 채무의 존재는 다투지 않으면서 채무의 이행만을 미루고 있거나, ② 채무의 증거가 명확해서 채무자가 이의신청을 할 이유가 없다고 판단될 때 주로 이용하게 됩니다.

문의하신 원장님의 경우, 진료기록과 통장입출금내역 등을 통해 원장님의 환자 분(채무자)에 대한 채권과 환자 분의 채무불이행사실에 대해서 입증이 용이할 것으로 보입니다. 따라서 우선 변호사를 선임하기에 앞서 '대한민국 법원 홈 페이지(http://www.scourt.go.kr/portal/main.jsp)'에서 '지급명령신청서양식'을 다운로드 받으신 후 법원에 '지급명령'을 신청해 보실 것을 권해드립니다.

주의

지급명령제도는 여러 장점이 있지만 경우에 따라 오히려 소송이 더 지연될 수도 있으므로 이용에 약간의 주의를 요합니다. 일반적인 원칙은 아니지만 저자 나름의 기준은 다음과 같습니다. 참고하시기 바랍니다.

① 금전채권일 경우, 소송을 제기하기에 앞서 채무자에게 내용증명우편을 먼저 보낸다. 내용증명에 대한 답변을 통해 채무자가 채무의 존재를 인정하면서도 채무의 변제에 난색을 표하면 지급명령제도를 이용하고, 채무자가 채무의 존재를 부인하거나 아무런 답변이 없으면 일반 민사소송절차로 진행한다.

② 채무자의 집주소와 주민등록번호를 정확히 모를 경우 일반 민사소송절차로 진행한다.

③ 청구금액이 큰 액수인데 반해, 증거가 명확하고 이에 대하여 채무자에게 딱히 다툴 이유가 없어 보이면 지급명령제도를 이용한다.

④ 전부 승소할 가능성이 떨어지거나, 판결보다 화해나 조정으로 끝날 가능성이 높은 사건은 일반 민사소송절차를 이용한다.

⑤ 청구할 채권의 종류가 다양하거나 그 액수가 큰데도 불구하고, 채무자의 변제의사를 알 수 없을 경우, 지급명령제도를 통해 채무자의 변제의사를 확인할 수 있다.

⑥ 채권관계는 단순한 데 비해, 채무자의 수가 너무 많을 경우에는 지급명령제도를 이용한다.

⑦ 유사한 형태의 채권이나 동일한 이유로 발생한 채권이 다수 있을 경우 지급명령제도를 이용한다.

Q48 의료법상 의사의 주요의무

> 의료법상 의사의 의무에 대한 정리를 부탁드립니다.

A48 의료법 제2조 제2항 "의사는 의료와 보건지도를 임무로 한다." 이는 의사의 사명을 밝힘과 동시에 의사의 의무를 규정하는 상징적인 조항입니다. 의료법 등에서 규정한 의사의 주요의무를 구체적으로 살펴보면 다음과 같습니다.

1. 진료의무(진료거부금지의무, 이송의무, 주의의무)

진료의무/진료거부금지의무는 의사의 가장 기본적인 의무입니다. 정말 진료를 할 수 없는 불가피한 사항(천재지변, 의사 본인의 중한 질병 등)이 아니라면, 경제적인 이유나 시설미비 등을 이유로 의사가 환자의 진료 요청을 거부할 수는 없습니다. 환자의 질병을 치료할 수 있는 시설이나 의료 기술이 부족한 경우는 자신이 할 수 있는 최선의 응급진료를 마친 후, 환자에 대한 진료가 가능한 진료 시설과 의료 기술을 갖춘 다른 병원으로 옮길 것을 환자에게 권고하거나 직접 다른 의료기관이나 전문의에게 진료를 의뢰하여야 합니다.

진료의무가 완치의무나 환자에 대한 무한책임을 의미한 것은 아니며, '환자의 진료요청이 있을 때 의사가 주의의무를 다하여 진단, 투약, 수술, 전원결정 등을 하는 것'을 의미합니다. 의사의 주의의무에 대하여 우리 판례는 "의사의 주의의무는 의료행위를 할 당시 의료기관 등 임상의학 분야에서 실천되고 있는 의료행위의 수준을 기준으로 삼되, 그 의료수준은 통상의 의사에게 의료행위 당시 일반적으로 알려져 있고 또 시인되고 있는 이른바 의학상식을 뜻하므로 진료환경 및 조건, 의료행위의 특수성 등을 고려하여 규범적인 수준으로 파악되어야 한다(대법원 2010.11.25. 선고2010다51406 판결)"고 판시하고 있는 바, 결국 의사의 진료의무란 '당시 의료수준과 의료 시설에서 통상의 의사에게 기대되는 수준의 의료행위를 의사의 양심과 지식에 따라 최선을 다하여 환자를 진료하는 것'이라고 판단됩니다.

> 의료법 제15조 제1항-의료인은 진료나 조산 요청을 받으면 정당한 사유 없이 거부하지 못 한다.
> 의료법 제15조 제2항-의료인은 응급환자에게 「응급의료에 관한 법률」에서 정하는 바에 따라 최선의 처치를 하여야 한다.

2. 설명의무

의료법상에 의사의 설명의무에 대한 직접적인 규정은 없으나, 「보건의료기본법」, 「응급의료에 관한 법률」 등에 의사의 설명의무가 명시되어 있으며, 판례를 통해 의사의 설명의무는 당연한 것으로 받아들여지고 있습니다. 의사의 설명의무는 'Q36 의사의 설명의무에 대하여'에 상세히 기술되어 있으므로 해당 부분을 참고하시기 바랍니다.

「보건의료기본법」 제12조
모든 국민은 보건의료인으로부터 자신의 질병에 대한 치료 방법, 의학적 연구 대상 여부, 장기이식(臟器移植) 여부 등에 관하여 충분한 설명을 들은 후 이에 관한 동의 여부를 결정할 권리를 가진다.

「응급의료에 관한 법률」 제9조
제1항-응급의료종사자는 다음 각 호의 어느 하나에 해당하는 경우를 제외하고는 응급환자에게 응급의료에 관하여 설명하고 그 동의를 받아야 한다.
1. 응급환자가 의사결정능력이 없는 경우
2. 설명 및 동의 절차로 인하여 응급의료가 지체되면 환자의 생명이 위험하여지거나 심신상의 중대한 장애를 가져오는 경우
제2항-응급의료종사자는 응급환자가 의사결정능력이 없는 경우 법정대리인이 동행하였을 때에는 그 법정대리인에게 응급의료에 관하여 설명하고 그 동의를 받아야 하며, 법정대리인이 동행하지 아니한 경우에는 동행한 사람에게 설명한 후 응급처치를 하고 의사의 의학적 판단에 따라 응급진료를 할 수 있다.

의료법 제24조
의료인은 환자나 환자의 보호자에게 요양방법이나 그 밖에 건강관리에 필요한 사항을 지도하여야 한다.

3. 의무기록/보관 및 각종 교부 의무

의사는 환자의 진료와 관련된 '진료기록부'를 포함한 각종 '의무기록(전자의무기록 포함)'을 상세히 기록하고 법이 정한 기간 동안 보관하여야 합니다.

의약품을 처방할 때는 약사법에 따라 직접 조제할 수 있는 경우가 아니라면 환자에게 '처방전'을 교부해야 하며, 의사 자신이 진찰하거나 검안한 자에 대한 '진단서', '검안서', '기타 증명서'에 대하여 정당한 권리자의 요구가 있을 때는 정당한 이유가 없는 한 이를 거부할 수 없습니다.(의료법 제17조, 제18조, 제22조, 제23조).

4. 신고의무

의료인은 최초의 면허를 받은 후부터 3년마다 그 실태와 취업상황 등을 보건복지부 장관에게 신고하여야 하며(의료법 제25조), 사체를 검안하여 변사한 것으로 의심되는 때는 사체의 소재지를 관할하는 경찰서장에게 반드시 신고하여야 합니다(의료법 제26조).

또한, '진단용방사선발생장치'나 '특수의료장비'를 설치 및 운영하고자 할 때는 해당지방자치단체에 이를 신고하여야 합니다(의료법 제37조, 제38조).

5. 기타의무

① 비밀준수의무: 의료법 제19조-의료인은 이 법이나 다른 법령에 특별히 규정된 경우 외에는 의료·조산 또는 간호를 하면서 알게 된

다른 사람의 비밀을 누설하거나 발표하지 못한다.

② 세탁물처리의무: 의료법 제16조 제1항 ①의료기관에서 나오는 세탁물은 의료인·의료기관 또는 시장·군수·구청장(자치구의 구청장을 말한다. 이하 같다)에게 신고한 자가 아니면 처리할 수 없다.

더불어, 의료법 제21조-의료기록 열람에 관한 제한, 제23의 2-부당한 경제적 이익취득의 금지, 제40조 -폐업·휴업 신고와 진료기록부 등의 이관의무 등이 있습니다. 의사의 의무는 사람의 생명을 다루는 직업의 특성상 법률로써 이를 모두 규정해놓을 수는 없으며, 법률과 판례, 사회적 통념, 의료 기술의 변천에 따라서 조금씩 변화해 가고 있습니다. 따라서 의사의 진료의무(주의의무)와 설명의무를 중심으로 의사의 법률적 의무에 대한 꾸준한 관심이 필요하다고 생각합니다.

Q49
개정 「아동·청소년의 성보호에 관한 법률」에 대하여

> 요즘 주위에서 '도가니법' 때문에 의사생활 못 해먹겠다는 동료들이 늘고 있습니다. 도대체 도가니법이 뭔지, 의사들과는 무슨 관계가 있는지 설명 부탁드립니다.

A49 흔히 말하는 '도가니법'이란 아동·장애인 성폭력범죄에 대한 처벌을 강화하는 방향으로 2011년 11월 17일 개정시행된 「성폭력범죄의 처벌 등에 관한 특례법 개정안」을 가리킵니다. 장애아동시설에서 벌어진 끔찍한 실화를 바탕으로 하여 만들어진 〈도가니〉라는 영화가 아동·장애인 대상 성폭력범죄에 대한 국민적인 관심과 공분을 일으킨 것과 맞물려 당시 개정된 법률을 언론과 일반인들이 '도가니법'이라는 별칭으로 부르게 된 데서 비롯되었습니다. 도가니법의 주요내용으로는, ① 장애인, 13세 미만 아동을 대상으로 한 성폭력범죄의 공소시효를 폐지하고, ② 장애인, 13세 미만

아동을 대상으로 한 성폭력범죄의 상한형량을 무기징역까지 높였으며, ③ 장애인 보호, 교육시설 종사자가 보호대상인 장애인을 상대로 저지른 성폭력범죄에 대하여 형을 가중하는 것을 주요내용을 하고 있습니다. 우리 사회가 절대적인 약자인 아동과 장애인의 성을 보호하고자 개정된 「성폭력범죄의 처벌 등에 관한 특례법」은 그 개정의 방향과 처벌 정도에 있어서 바람직한 방향으로 나아간 것으로 보입니다.

한편, 「성폭력범죄의 처벌 등에 관한 특례법」과 별도로 아동(청소년)을 대상으로 한 성범죄자의 처벌과 성범죄[59]의 예방을 목적으로 「아동·청소년의 성보호에 관한 법률」이 제정되어 시행되고 있습니다. 그런데 이「아동·청소년의 성보호에 관한 법률」 중 일부 조항에서 의사 등 의료인의 취업제한과 관련한 규정이 있어 이를 자세히 살펴보도록 하겠습니다.

---

[59] '성범죄'는 '성폭력(강제추행, 강간)'에 성매매, 음란물유포 등이 추가된 보다 넓은 개념입니다. 「아동·청소년의 성보호에 관한 법률」에서 '아동·청소년에 대한 성범죄'에 대한 정의조항(제2조 제2항)은 있으나, '성인대상 성범죄'에 대한 정의조항은 없어, 이 책에서는 위 법 제2조 제2항의 '아동·청소년에 대한 성범죄'의 정의에 준하여 설명하겠습니다.

「아동청소년의 성보호에 관한 법률」 제56조(아동·청소년 관련기관 등에의 취업제한 등) 제1항 아동·청소년대상 성범죄 또는 성인대상 성범죄(이하 "성범죄"라 한다)로 형 또는 치료감호를 선고받아 확정된 자(제11조제5항[60]에 따라 벌금형을 선고받은 자는 제외한다)는 그 형 또는 치료감호의 전부 또는 일부의 집행을 종료하거나 집행이 유예·면제된 날부터 10년 동안 가정을 방문하여 아동·청소년에게 직접교육서비스를 제공하는 업무에 종사할 수 없으며 다음 각 호에 따른 시설·기관 또는 사업장(이하 "아동·청소년 관련기관 등"이라 한다)을 운영하거나 아동·청소년 관련기관 등에 취업 또는 사실상 노무를 제공할 수 없다. 다만, 제10호 및 제14호 경우에는 경비업무에 종사하는 사람, 제12호의 경우에는 의료법 제2조의 의료인에 한한다.

〈중략〉

제12호 의료법 제3조의 의료기관

의료법 제2조 제1항 이 법에서 '의료인'이란 보건복지부장관의 면허를 받은 의사·치과의사·한의사·조산사 및 간호사를 말한다.

의료법 제3조 제1항 이 법에서 '의료기관'이란 의료인이 공중(公衆) 또는 특정 다수인을 위하여 의료·조산의 업(이하 '의료업'이라 한다)을 하는 곳을 말한다.
제2항 의료기관은 다음 각 호와 같이 구분한다.
　　　제1호 의원급 의료기관: 가. 의원 나. 치과의원 다. 한의원
　　　제3호 병원급 의료기관: 가. 병원 나. 치과병원 다. 한방병원 라. 요양병원 마. 종합병원

위 법률은 2007년 7월 1일 「청소년의 성보호에 관한 법률」이라

---

[60] 아동청소년이용음란물임을 알면서 이를 소지한 자

는 이름으로 처음 제정되었으며, 2010년 1월 1일 「아동·청소년의 성보호에 관한 법률」이라는 이름으로 변경되며 그 내용이 전부 개정되었습니다. 개정이유에서 **"아동·청소년 대상 성범죄로 형 또는 치료감호를 선고받아 확정된 자**는 그 형 또는 치료감호의 전부 또는 일부의 집행을 종료하거나 집행이 유예·면제된 날부터 **10년간 아동·청소년 관련 교육기관 등에 취업을 할 수 없도록 함**(법 제44조 제1항)"이라고 하여, 그 개정취지를 밝히고 있습니다. 그리고 이 법은 2010년 4월 15일 다시 일부 개정되며 "아동·청소년 관련 교육기관 등에의 취업제한 대상자에 성인대상 성범죄로 형 또는 치료감호를 선고받아 확정된 자"(법 제44조 제1항)로 그 처벌대상을 확대하였고, 2012년 8월 2일 다시 개정되며 **"취업제한 대상기관에 의료기관을 추가"** 하여 지금[61]에 이르고 있습니다.

보통 '도가니법'은 2011년 11월 17일 개정된 「성폭력범죄의 처벌 등에 관한 특례법」을 의미하지만, 의사들이 말하는 '도가니법'은 성범죄를 저지른 의료인의 취업과 개원을 제한하는 규정이 포함된 「아동청소년의 성보호에 관한 법률」을 의미하는 것 같습니다.

현재 「아동청소년의 성보호에 관한 법률」의 규정에 따라, **성범죄**

---

[61] 이후 몇 차례 일부개정을 거쳐, 현재는 법 제56조에서 종전의 제44조와 같은 내용을 규정하고 있습니다.

와 관련하여 형(벌금형 포함)을 받거나 치료감호를 선고받아 확정된 의료인의 경우, 사실상 10년간 모든 의료기관에서 의료인으로 일을 하거나 의료기관을 개설·운영할 수 없게 됩니다. 성범죄 피해자의 대상에 아동·청소년 뿐 아니라 성인도 포함시키고 있다는 점과, 관련범죄행위도 '성폭력'보다 범위가 넓은 '성범죄'라고 폭넓게 규정하고 있는 점이 특징입니다. 또한, 의료기관에서의 성범죄뿐 아니라 장소에 관계없이 모든 성범죄를 대상으로 하고 있다는 점과 형량에 관계없이 벌금형 이상의 형이 확정되면 모두 이 법에 따른 취업제한 대상에 포함된다는 점도 유의해야 할 부분입니다.

문의하신 원장님의 경우처럼, 진료 시에 불가피하게 발생하는 신체노출이나 신체접촉이 성희롱이나 성추행으로 오인당할까 염려하시는 의사 분께서 간혹 상담해 오십니다. 그런 문제를 예방하기 위해서 상담실이나 진료실에는 항상 간호사가 함께 하실 것과 신체접촉이 필요한 진료 시에는 사전에 환자에게 설명하고 동의를 받아두실 것, 그리고 환자와의 1:1 진료가 불가피한 경우에는 환자의 동의하에 진료과정을 녹음해 두실 것 등을 권해 드립니다.

Q50 영리를 목적으로 한 환자 유치 행위의 금지
(교통편의 및 식사제공, 본인부담금 면제 등)

> 최근 의료관광차 한국을 방문하는 외국인이 늘고 있습니다. 저희 병원(피부과)에서도 적극적으로 외국인환자를 유치하고자 외국인환자 유치업자등록을 마쳤습니다. 그리고 외국인환자들이 우리나라 도로사정에 밝지 못한 점 때문에 외국인환자를 공항에서 픽업해 주는 서비스를 제공하고 있습니다. 그런데 최근 지인으로부터 환자에게 교통편의를 제공해 주는 것도 의료법에 위반된다고 하던데요. 사실인가요?

A50 의료법 제27조 제3항은 "누구든지 「국민건강보험법」이나 「의료급여법」 에 따른 본인부담금을 면제하거나 할인하는 행위, 금품 등을 제공하거나 불특정 다수인에게 교통편의를 제공하는 행위 등 영리를 목적으로 환자를 의료기관이나 의료인에게

소개·알선·유인하는 행위 및 이를 사주하는 행위를 하여서는 아니 된다."라고 규정하고 있습니다. 환자유치를 위한 의료기관 간의 과다경쟁을 방지하고, 의료기관에 환자를 알선하는 행위를 막기 위한 조항입니다.

이에 따라 병/의원에서 '환자의 본인부담금을 면제하거나 할인', '식사제공', '교통편의 제공' 등을 해주게 되면 의료법 제27조 제3항 위반이 됩니다. 이를 위반한 의료기관은 '시정명령(의료법 제63조)', '3년 이하의 징역이나 1천만 원 이하의 벌금(의료법 제88조)', '1년 이하의 자격정지(의료법 제66조, 의료법 시행령 제32조 제1항)'를 받을 수 있습니다.

또한, 이러한 영리를 목적으로 한 환자 유치 행위에는 환자를 유치하는 행위뿐 아니라, 진료를 받고 돌아가는 환자에게 식사를 제공하거나 교통편의를 제공하는 경우도 포함됩니다. 특히, 환자부담금과 관련하여 이를 안 받은 환자에게 환자부담금 이상의 선물을 받았다고 해서 위 조항의 위반을 피할 수 없다는 것이 우리 법원의 입장입니다. 따라서 어떠한 경우도 환자부담금을 면제/할인해주거나 금품, 식사제공 등 환자유치로 오해받을 수 있는 행위도 해서는 안 됩니다.

그런데 위 의료법 제27조 제3항에는 두 가지 예외가 인정됩니다. 첫째, 환자의 경제적 사정 등을 이유로 개별적으로 관할 시장·군

수·구청장의 사전승인을 받은 경우(의료법 제27조 제3항 제1호), 둘째, 「국민건강보험법」 제109조에 따른 가입자나 피부양자가 아닌 외국인(보건복지부령으로 정하는 바에 따라 국내에 거주하는 외국인은 제외) 환자를 유치하기 위한 경우(의료법 제27조 제3항 제2호)입니다. 따라서 국내에 거주하는 외국인이 아니라 의료관광 목적으로 국내에 입국하는 외국인을 유치하기 위하여 교통편의 등을 제공하는 행위는 허용이 됩니다.

문의하신 원장님의 경우 외국인환자유치업자등록을 마친 상태에서 외국인환자 유치를 위해 픽업서비스 등 교통편의를 제공해 주는 것이므로 의료법 제27조 제3항의 예외사항(제2조)에 해당하여 법률적으로 허용되는 행위로 판단됩니다. 단, 이때 사용되는 교통수단(밴이나 자동차)을 다른 국내 환자나 국내 거주 외국인들에게 제공하는 경우는 의료법 제27조 제3항에 위반되므로 이 점 주의하실 것을 당부 드립니다.